地緣日本

增訂版

盧峯 著

增訂版序

《地緣日本》出版後有幾位讀友寫了相當詳細的書評／書介，實在感謝。最有趣的書評來自一位素昧生平的讀友sunfai。他在立場新聞寫道：「在風雨飄搖的今天，在閱讀期間我也不停的問自己，為什麼要在這時這刻閱讀此書。」又說：「在今天出版（以及閱讀）如此『離地』、『軟性』的書籍，不得不追問作者、出版商，以至讀者如我，這本書背後的問題意欲究竟是什麼？」

sunfai的詰問既是在內省，也是對作者、出版社的質疑。我城正被內外政經劇變衝擊得難以自處，居然來一本跟當下大事毫無關連，又沒回應未來挑戰的讀物，實在有點「不食人間煙火」之感，說不定還會有人覺得此等在歷史巨流旁閒蕩之作是在特意風花雪月，模糊焦點。

讀友認真問，當然得好好回應。《地緣日本》初版序言說過，書原本計劃二〇一八年底，即明治維新一百五十年時完成出版，只是旁騖多，寫作進度拖拉，完成第一稿已是二〇一八年底的事。之後跟相熟出版社來回往復討論了幾個回合，刪減部分枝節又重寫多個章節仍不得要領，拖到二〇一九年春夏之交仍談不攏，不得已擱下書稿等待機緣。

碰上信報出版社願意為這本冷門書（包括作者與書種）冒險，《地緣日本》才能從抽屜中重見光明，印刷成書。就是如此，出版日期從二〇一八年底推到二〇二〇年中這個政治危機與疫潮泛濫的年頭。

另一方面，sunfai的詰問其實跟去年夏秋之際為書作最後修訂時的心情有點相似。那時街頭天天都有抗爭，催淚彈、布袋彈、汽油彈橫飛，經常一邊修飾文字一邊問自己，出版這本書還有什麼意義？是否因為思想、行動上找不到什麼出路，想以此轉移自己的視線，減輕心理壓力與躁動？

不住的「拷問」讓我一次又一次重訪寫作地緣三部曲系列（日本以外還包括蘇格蘭、利物浦）的初衷：那就是為喜愛的國家或地方「立傳」，希望以心和手一邊說她們的地緣故事；另一邊把香港跟她們的因緣與歷史糾結重新掛上，讓讀者不但看到有意思又有趣的在地故事，也能稍稍了解一下香港這個城市在歷史巨流的痕跡，以及跟近代歷史變動有何關連轇轕。迂迴的思路的確對應對現實問題沒什麼作用，但心想若讀者可由此書聯想到我城在歷史、地緣格局中的位置，省思當前處境與選擇，也許對未來的進退有一點助益。

今次增訂，除了加添回應外，還把初版時拿走了的明治人章節放回書中，作為〈字裏明治〉的一部分，參考的基礎是《「少爺」的時代》這漫畫。《「少爺」的時代》一書共五大冊，沒有《男兒當入樽》般一紙風行，全球知名，但漫畫筆工扎實悅目，故事資料考證認真詳盡，不比學術著作遜色，真正教人長見識。希望讀者喜歡《地緣日本》這小小的facelift吧！

二〇二〇年　秋

推薦序 朱立

元朝曾派軍遠征日本，在海上遇到颱風，全軍覆沒。日本位於東亞，與中國隔了大海，而那時氣象科學相當不靈，只是蒙古人剛好遇到颱風吹襲。除了颱風，日本還常常遭受地震之災，因此總想找塊安身之地。和日本最近的是朝鮮和中國，日本強了，這兩個地方就首當其衝，先後遭殃。

大約三十年前我曾與內子參加九州之旅，到過鹿兒島。那年夏天旅行社以豪斯登堡為號召，其實豪斯登堡是複製的荷蘭，從複製的運河往兩旁的建築物向上望，可見到最高一樓外有吊掛重物的木梁和起重機。豪斯登堡可說複製得維妙維肖，但和寧靜的真荷蘭運河一比，複製的「荷蘭」規模不但小多了，來來往往、喧嘩的遊客更使複製的「荷蘭」少了份寧靜。我們剛去過荷蘭不久，記憶猶新，覺得複製的荷蘭少了點文化，而文化只能靠時間，需要數百年的上行下效，需要真實生活的長時間熏陶，是複製不來的。明治維新後的日本也是這樣的國家，複製了歐洲荷蘭，但卻不完全，何況荷蘭不能代表歐洲。明治維新，日本複製了英國的國會，二次大戰後。美國更將憲法移殖日本，但日本還是日本，不可能脫亞入歐。無他，複製總是不完全的。

一百五十多年前日本明治維新後，先後打敗了兩個大國——亞洲的清朝和歐洲的帝俄。一躍而成為世界强國的日本，和大英帝國、德意志、意大利等强國平起平坐。變强大後的日本，總覺得留在亞洲有點委屈，一心想「脫亞入歐」。第二次世界大戰後，美國的原子彈使日本「服」了，但輸給了中國，日本卻相當「不服」。戰後，日本不少人感謝蔣介石不殺之恩，但真心服輸、且為侵華道歉的則是少數。日本還發動了太平洋戰爭，東南亞各國受到不少傷害，但日本卻說是幫黃種人趕走白種人。輸給強大的美國是一回事，但怎麼可以輸給比日本還差的亞洲國家呢？

在鹿兒島旅行的最後一天，我們被帶到櫻島看火山。中午則在島上唯一的餐廳午餐，吃完飯，我從樓上走到地下室，看到那兒正在舉行美軍在廣島和長崎投下原子彈的展覽。核子武器的威力造成的傷害令人觸目心驚，兩個繁華的城市瞬間化爲烏有，居民死的死、傷的傷，後者更體無完膚。事實上，兩城的生還者根本寥寥無幾，爆炸區的建築物也差不多全倒了，滿目瘡痍一點不假。展覽只提到日本的傷亡，對戰爭的責任則隻字未提。上世紀八十年代，我曾在香港中文大學指導一位學新聞傳播的學生分析美國時代雜誌*Time*長達四十年對美國在廣島、長崎投擲原子彈的報道。美國反省了核子武器的破壞威力，而日本卻沒有反省自己的戰爭責任。展覽的規模很小，我一下就看完了。我忍不住在留言紙條上寫下我向來反戰、反核子武器的感想，希望日本也藉此機會反省。然而日本對美軍投下原子彈的解釋卻令人寒心，說美軍不在歐洲戰場投下原子彈，因爲那兒是白種人，在日本投彈根本是種族主義。至於對日本偷襲珍珠港，在太平洋地區發動戰爭，左攻右打，則說那是日本人想幫亞洲的黃種人趕走白種人。日本對慰安婦的態度也叫人髮指，至今不聞不問，就當這事沒發生。有人提及慰安婦被迫當軍妓，日本政府的辯護則說是這些人是自願的，沒受到任何壓迫。要不就耍賴，言多實空地耍太極。

日本人「恥感」太强，不願直面歷史；反觀我們，中國大陸受害最深，但也加入了「不聞不問俱樂部」，日本當然也就樂得輕鬆。中國常要日本正視歷史，但卻忘了自己也該正視歷史。台灣向來親日，有人也想在日本駐台灣的代表處前立個慰安婦銅像，日本表示不高興，這個提議就被台灣的政府打消了。每次日本有颱風或地震等自然災害，台灣朝野必定慷慨捐輸，可是日本的回應根本不成比例。今日台灣的處境或有和美親日之必要，但需要如此討好就能使日本在台灣需要時馳援嗎？

盧峯是我的學生，也是資深、專業記者，報道所見所聞，也評論所見所聞。這本書夾叙夾議，有相當可讀性。當然，日本近代歷史爭議不少，兩岸三地親日、反日、哈日都有，但「知日派」則太少，多些和作者一樣的有心人、多些知日的書肯定是讀者的福氣！

推薦序　梁文道

我不算哈日，但是一不小心，幾十年下來，居然也陸續購藏了幾百本關於日本的書。在這裏頭，光是中國人寫的，至少就佔了一半。所以當我收到盧峯這份書稿的時候，腦海中第一個問題，就是我們真有需要再多一本談論日本的書嗎？再想下去，或許更應該問的，是為什麼百年以來中國文人總是不斷書寫日本？長年居住在日本的，可能會向我們報告彼邦最新動態；曾經在日本留學或者工作過的，可能會留下他們的異國回憶錄；還有一些就像盧峯這樣，曾經深度遊歷日本，於是交出一份用自己的足跡和閱讀所描繪出來的知性地圖。為什麼要不斷書寫日本？那是因為有一代又一代的讀者還在熱情地閱讀日本。似乎我們對這個國家仍然好奇；仍然有許多儘管被回答了不知道多少遍，但始終不算徹底解決的問題。

從中國人及華人的角度來看，日本有一點顯得特別迷人，那就是盧峯在這本書裏面所提到的，他們好像總能夠把傳統與現代結合得非常完美，渾然天成，絲毫不讓人覺得有任何不和諧的地方。而這一點恰恰是困擾了我們近百年的疑問：到底哪些東西是值得珍惜的傳統？哪些東西又是應該拋棄的破舊？為什麼一座明明是用清水混凝土搭建的房子，也沒有任何傳統日本建築的構造，卻讓人一看就覺得它非常「日本」；而我們卻總是要花很大的力氣，用一些搶眼的裝飾細節，才能讓一座以現代工法製成的建築顯現出些許「中國風」？

我們之所以常常如此疑惑，是因為我們和日本幾乎是在差不多的時間一起遭遇現代西方，所以才會有這麼多學者要比較中國的洋務運動和日本的明治維新，追問兩地後來的走向怎麼會如此不同。盧峯這本書最別開生面的其中一個特點，是他把香港也寫進了這個宏大的背景當中，讓我們香港人更具體地感知當年那股時代大潮的走向。比如說，原來導致日本開國的培里黑船艦隊，曾經在澳門和香港之間，計算哪一座港口才是他們往赴日本之前的最佳補給站。又比如曾在幕末和維新那個年代主導大局的一方雄藩薩摩，他們秘密派去歐洲取經的留學生團，第一次見識到「西方」魅力的地點，居然也是香港。這實在不能不讓人聯想，會不會香港也有自己一番「中西融合」的好故事？可惜我們所形成的東西，以及我們的故事，顯然不是整個中國都能共享，甚至都看得到的經歷。在大多數中國人眼中，傳統與現代如何並存這種問題的更佳案例，始終還是日本。

且拿德仁天皇的登基大典來講好了，在上午的「即位禮正殿之儀」裏頭，天皇跟皇后及他們身邊一眾侍臣穿着的是日本平安王朝以來的古典服飾，但站在他們面前的首相卻是一身西式燕尾服，這難道不是非常古怪嗎？同一天晚上，宴請各國賓客的「饗宴之儀」，在以和食為主的菜單之外，還為每一位賓客送上一個小巧精緻的銀質糖果盒，裏面裝了非常傳統的日本金平糖。但你知道他們把這個小盒子叫做什麼嗎？居然是一個法文詞彙「Bonbonniere」。這是為什麼？其實將近一百年前，昭和天皇即位，當時在場的外國使節就已經感嘆，日本人似乎很擅長結合他們的傳統和西方移植進來的禮儀。比如說天皇巡行的儀仗隊伍，前面有日本神道教的神官舉幡，而後面的天皇卻坐在一輛西式的皇家馬車當中。仔細想想，這一切豈不都非常混搭，古往今來，不論東西，全都拼湊一塊，為什麼我們還會覺得它們很協調？

盧峯在這本書裏面還特別談到了谷崎潤一郎的名著《陰翳禮讚》，這本書以抨擊日本傳統美學文化在西潮的席捲下逐步淪喪著稱。可是「谷崎潤一郎不算是個全面反對西化的古老石山，對西方科技、文明帶來的好處與方便他會坦白承認，日常生活中也會邊心裏嘀咕邊用，有的如牙醫器械也禁不住認同人家的儀器較先進可靠，不能再用日本老式的方法。谷崎在意的是那種不問情由、不加選擇的吸納，是那種輕視、賤視日本傳統文化、品味、情趣的態度。他心底最盼望的是日本在接納西方文明、器物科技時可以多考慮照顧日本特有的文化傳統、品味、美學，不必事事以西方之美為美。以他最愛談的『如廁』文化為例，谷崎老想洗手間用抽水馬桶沒問題，但很多細節如沖水器的手把可否用木製，可否不一室皆用潔白的瓷磚……」

然而，問題始終是什麼東西應該保留下來，什麼東西又應該西化。谷崎潤一郎固然沒有列出一個明確的標準，看來就連以保守著稱，掌管日本皇室大小事務的「宮內廳」，也沒有一把尺子可以讓人精準判斷，為什麼送給外國客人的禮物是日本傳統糖果，而裝這些糖果的盒子卻要用上法文名詞。

有時候我會懷疑，客觀來看，日本這些既傳統又現代的混搭，其實並非真的嚴絲合縫。之所以讓我們外人看來不覺得有問題，首先是因為他們自己都不覺得有問題。他們那種不自覺的自信欺騙了我們的眼睛，也可能還騙了他們。一個穿上西式禮服的首相，對着高高在上，身披「黃櫨染御袍」的天皇宣讀賀詞，他們的表現這麼莊重，整個場合的氣氛如此肅穆，乃至於讓我們竟然一點都不覺得好笑。

日本近代思想史巨擘丸山真男曾經斷言，日本的傳統乃是一種「沒有結構的傳統」。它的特點是：「毋寧說正是因過去的東西未能被自覺的對象化，從而未能被現在『揚棄』，以致過去才從背後溜入現在之中，思想無法積累為傳統與『傳統』思想無關聯性地溜入近代實是一體的兩面」（丸山真男《日本的思想》。藍弘岳譯）。簡單點說，那就是日本人一直沒有辦法在思想的層面上，把他們以往所積累的一切，自覺地當成一套有原理，有層次，有結構的傳統。不像歐洲人，可能會把他們的過去當成是一種希臘文明與基督信仰交融形成的傳統。也不像中國人，能夠自覺地把自己的過去認識為一套儒家傳統。

在歐洲人和中國人的例子裏頭，我們能夠找到一套所謂的主導思想源流，以之爲座標軸，再把其他所有不符這道主幹的東西，當成是它的枝脈、邊緣或者叛逆。於是當近代中國遭遇西方文化浪潮的衝擊時，中國士人就能很自覺地把這個局面，理解為儒家禮教傳統與西方現代文明的對決了。但是日本呢？由於他們一直沒有辦法在知識的層面上說出自己到底有什麼樣的思想傳統，所以當他們跟我們一樣在面對西方現代性的時候，他們也就沒有辦法在反省認知的層面上形成類似的想法。沒錯，看起來很像中國人的「中體西用」，日本也有他們的「和魂洋才」；但這裏頭所說的「和魂」到底指的是什麼呢？除了少數哲學家之外，那是一套從來都沒有辦法說得清楚，也沒有辦法在整個社會當中形成共同觀念的東西。於是傳統與現代，日本與西方，根本就沒有發生過一場兩陣對決的局面。

丸山真男又說：「由於新的事物，或與本來異質的事物都在沒有與過去完全對決的情況下，就一一被攝取進來，導致新事物驚人地勝利過早，我們無法把過去視為過去，使之自覺地面對現在，而是將之推到一邊，或使之沉降到下面，從意識中消失」。由於沒有一種自覺的傳統在抵抗，所以任何外來的東西都可以堂而皇之地大舉入侵。頂多就像谷崎潤一郎這樣，在感性的層面上對一些外來的事物發牢騷。可是，正因如此，許多過去的東西，才會忽然在毫無關聯的情況下又被「回憶」起來。例如今天很多人都非常熟悉，甚至朗朗上口的「侘寂」「物哀」等日本風味十足的美學範疇，都可以忽如其來地嫁接到一些非常西化非常現代的事物當中。為什麼日本能夠在明治維新之後，就在許多地方顯得非常現代，甚至超前；但另一方面卻又非常頑固地保留了很多傳統呢？因為少了一套非常自覺，在時間當中形成的傳統觀念之後，他們就能夠並置所有新的東西和舊的東西，把一切過去的事物和未來的事物，都看成是一種沒有時間背景，純粹在空間上被布置於不同角落的東西而已。再簡單點說，日本常常讓我們艷羨的所謂「新舊融合」，其實只不過是西方與日本，傳統與現代中各種零件的混搭拼接罷了。就好比安倍晉三身上的燕尾服，以及德仁天皇的「黃櫨染御袍」，相安無事，共處一室。

當然，這都只是我的一點猜想。到底真相是否如此？盧峯也沒有給出一個明確的答案。但他完全盡到了一個深度旅人的責任，以其資深傳媒人的本色，不只走透了一般遊客不會去的地方，還要在文獻上重走一遍他曾經去過的地點，讓我們的提問多了好幾重時空交疊的廣度與深度。接下來，得到他的引導，就該是我們自己上路的時候了。

自序

喜歡一個地方很容易，為她寫一本書比想像中困難得多。《地緣日本》這書由二〇一八年初開始動筆，初稿花了近一年才完成。接着學習作家村上春樹先生把初稿放在抽屜一個月，冷一冷發熱的頭腦。然後來一次大修花了三個月，再過三星期又對第二稿來一次微調，清理一下充滿沙石的文字，刪走重複的地方，改寫了跟書整體感覺不搭調的部分，還忍痛拿走了有關日劇、日漫的有趣章節，實在有點可惜。

拿着基本完成的書稿跟合作過的出版社商討，幾次來回後大家對書的方向想法不同，互相說服不了，出版的事稍躭擱了一陣子。一九年四月時碰上同事、信報出版社話事人Denise，聽過書本概要內容後表示有興趣，談了大半小時就決定合作，很快就落實出版計劃。後來Denise另有高就，接任人Janet同樣鼎力支持，花了心機、時間認真跟進。《地緣日本》能順利以現時的面貌氛圍跟讀者相遇，得好好多謝Denise及Janet。

今次書寫日本還得到多位日本朋友支持、鼓勵，認識多年的井上愛子小姐、森下裕香小姐看了部分初稿，給了很多啟發，也糾正了一些誤區。還有些願意接受訪談的新朋友，如鹿兒島尚古集成館的松尾千歲先生、島津興業的Alex Bradshaw、鹿兒島縣觀光課的犬童小姐、鹿兒島市明治維新館福田賢治先生、石卷市的笹野健先生，均提供了重要的意見。

有一位在新加坡認識的朋友——奧田真也先生。跟他見面時，書還只是一個小念頭，可他大力鼓勵，還說希望先睹為快，實在感激。

不少香港朋友在成書過程中給予很多有用的點子、忠告，包括相識多年的Xaddy、Charlotte、Linda、Simon，還有日本通香睿剛先生。

有些無名英雄不得不提，那就是台灣學者、譯者、編輯及出版社主事人。沒有他們寫出、譯出大量有關日本的書籍，我等不懂日文的外行人要了解日本將困難重重，更不要說書寫日本故事。當然，書中有何疏失只能是作者的責任。

得感謝撰寫推薦序的中大、浸大新傳學院榮休教授朱立及文化評論人梁文道兄。朱立老師是我的啟蒙老師，在研究院隨他學習真正開了視野，寬了襟懷；近一年老師身體欠安仍爽快答允寫序，實在銘感。梁文道兄是大忙人，稿債纏身下仍願推薦，同樣感激。

還要感激家人的支持鼓勵。懿貞、文韜是我的旅遊良伴，並肩走過很多地方，一起跟日本結緣。

最後想把書獻給已過世的父母。母親在書寫作半途時隨年前過世的父親走了，沒能看到這本新書，不無遺憾。沒有他倆胼手胝足供書教學，不要說寫出一本書，只怕連看書賞書也不行，父母之恩實不敢或忘。

二〇一九年　冬

目錄

卷首語

卷首語

日本是個令人難忘的國度。有着靈秀明淨的山水，春天的櫻花與秋天的紅葉教人迷醉；列島「腳底」下卻有着天底下最不穩定的地基，儼如最難捉摸的「惡獸」，隨時來一次大震盪讓地動山搖，河山變臉。北海道厚真町二〇一八年地震後山巒崩塌，讓人深深感到日本的景致如此脆弱，二〇一一年的311大地震與海嘯更只能以「面目全非」來形容它的災難性後果。

令人着迷的還有她的文化。在西化、全球化下日本緊緊擁抱自己的傳統文化，從祭典到社交禮儀到衣服飲食，從守護家業到尊重工匠……等都充滿本國特色。可日本在探索引入最新科技、最潮玩兒上卻又絕不落後於人，有些領域如電子商品的研發更往往走在最前頭。

日本就是這樣，一邊背負大和民族文化傳統，一邊全身投入現代科技文明，誰也沒成為誰的包袱或障礙。很多後進國常在傳統文化與科技文明間顧此失彼甚，一時死抱舊物事，一時又數典忘祖，老是進退維谷。日本的獨特經驗與成就因而倍覺突出，教人艷羡，難怪除了台灣、香港老中青外，東南亞、歐美、俄羅斯等地的「哈日族」也愈來愈多。

日本文化能在傳統與現代、溫柔與暴烈中遊走委實趣味盎然，她如何在明治維新後締造歷史奇蹟，站上世界尖峰更是吸引。才不過幾十年，她就從孤懸歐亞大陸外海的貧弱島國變成左右全球政經大局的一等強國，從閉關鎖國的「隱士」一躍而成撼動世界的「武士」。

若果一百五十年前幕府政權告終明治初啟時跟一般日本民眾說，他們的島國會成為亞洲霸主，只怕他們難以相信，覺得是癡人說夢。若果跟當時的中國或清朝仕人說類似的話，他們肯定會嗤之以鼻。

再把時間回撥二十年跟當年打開日本門戶的美國人說，有朝一日他們會跟這個落後、風俗衣飾怪異的小國成為死敵，雙方先在太平洋諸島血戰四年，美軍得靠原子彈才能取勝，他們大概會覺得是說笑；若再跟他們說這個手下敗將及成為廢墟的國家不到三十年就在經濟上直接挑戰她的霸權，得發動貿易戰、貨幣戰才避免「日本第一」成為事實，當時的美國人只怕會認為是「驚世謊言」。

奇蹟真的出現了，而且不是出現一次而是兩次。一百五十年前的明治維新，三十年間令日本先後擊敗中國、俄羅斯兩個歷史悠久的大帝國，躍居亞洲第一強國。而且，明治巨變帶來的不僅是軍功、國際影響力，日本社會、經濟、科技、人心在這幾十年間也脫胎換骨，快速融入西方發達國家建立的政經秩序外，還把現代科學、科技、人文理論知識來個全面移植吸納，深入影響社會各階層。在東京手握大權的政經精英全情投入西方最先進文化，即使在四國、東北一些窮鄉僻壤的孩子也一股腦兒擁抱外來先進文化，志切在各方面追上世界第一流水平，令日本成為最早與西方現代化國家看齊的後進國。

一九四五年，兩顆原子彈落在日本，結束了二次大戰，也重創了自明治以來打造的現代化國家，讓她從頂峰跌入谷底。自古以來從未被外族征服的日本被美軍佔領，原本繁華、熙攘的城市大部分成為廢墟，部分地方更因為田地荒廢糧食不繼出現饑荒。原爆及投降後的幾年間，日本這個國家會否繼續存在也是個疑問。

可幾乎令日本沒頂的戰爭或原子彈沒有摧毀明治維新打下的現代化根基。戰後不過十年，日本就開始打造另一個奇蹟：經濟超英趕美。此後三十年，她從一片廢墟中快速冒起，從向美國佔領軍總部乞援的窮國變成挑戰美國經濟主導權的經濟大國。八十年代中，不少美國官員、學者把日本視為美國主要對手，要千方百計打壓，「日本第一」之類的書成為暢銷書，一九八五年美國主催的《廣場協議》（*Plaza Accord*）實際上是以日本為假想敵的貨幣戰。直到九十年代資產泡沫爆破，日本經濟奇蹟才逐漸被人淡忘，但即使經過四分一世紀停滯，日本依然是世界第三大經濟體，日本的產品、服務、品牌依然是品質象徵。

一個國家成就一次歷史飛躍奇蹟已不容易，能在一個半世紀內兩次創造奇蹟，在幾乎亡國的情況下再躋身世界頂峰，日本作為歷史後進國的成就實在前無古人（也暫未見後來者）。怎能不動身到日本列島，好好在這片成就奇蹟的土地找尋歷史的痕跡，認真了解一下這兒的人和事呢？

向來是隨性的旅者，今次的歷史現場之旅也不想來個高大全，什麼地方都走走看看，而是挑幾個重點的地方仔細看，反覆看，細味歷史的積澱，把一把不同時代的脈動。日本人本就是講究細節、細部的民族，想了解他們的歷史故事大概也得從細節入手，盡力找在地、在歷史現場發生的小故事，感受歷史的血肉。

今次日本歷史之旅選了香港作為起點。這不是想故作驚人，而是因為香港跟日本開國有一段奇特的歷史緣份，打開日本國門的黑船或美國培里提督率領的艦隊，就是以香港為駐泊港口，由維多利亞港出發兩番前赴江戶灣，逼使原本鎖國的幕府政權同意簽約開國。香港為何會牽上這條歷史紅線，培里艦隊為何以香港為踏腳石，當中的小故事重溫起來不但有趣，對香港開埠這回事，對香港如何蛻變成面向世界的中轉點及港口更是有一番體會。

從香港出發後，我們會走訪靜岡縣的海邊小鎮下田，看看培里走過的小徑，了解一下他為何選這地方作為美國駐日領事的駐地。接着我會向日本「國境之南」進發，走訪被視為明治人才搖籃的鹿兒島（原薩摩藩的根據地），特別要到方圓不過一公里左右的加治屋町走一走。那片地方可是孕育了西鄉隆盛、大久保利通、東鄉平八郎等維新英傑的地方，對日本現代化影響之大其他城市都及不上。鹿兒島之旅還特地到訪一個不見經傳的海邊小鎮——羽島。幕末年代十九位薩摩青年就從這裏偷渡出洋，到英國學習西方知識、技術。他們其後各有成就，有的成為推動股市發展的實業家，有辦教育的內閣大臣，還有一位成了美國加州葡萄酒之王，在太平洋彼岸留下了精采的印記。

然後我們分別走訪作為現代日本新邊疆（New Frontier）的北海道、沖繩，她們記下了「少年人，要胸懷大志」的豪言壯語，保留了開拓過程的血淚史，還有沖繩軍民在斷崖岩洞焦土作戰的悲情。說到焦土，第一個受原子彈攻擊的城市廣島也不能迴避，那舊住友銀行門前神秘的黑影道盡了戰爭的兇暴不仁。

神社是日本重要的傳統文化標記，說到明治及由它而來的歷史奇蹟，有一個神社不能不去，那就是靖國神社。神社的名字在新聞聽過許多遍的，還有不少人一聽到它就咬牙切齒的痛恨。認真看看神社的前世今生，仔細到神社及遊就館走幾遍的話，你會明白靖國神社跟明治維新既有共生關係，也在互相加強促進，形成宗教般的思想，感召着好幾代日本人為帝國前仆後繼，無怨無悔作出大犧牲。遊就館的藏品豐富，大部分是明治以來的遺物，當中還有崛越二郎設計的零式戰機實物。

地的故事外，明治以來的巨變還有人的故事。今次「旅程」走進了幾個有趣、有反思明治人的內心與腦袋：有甲午戰爭期間的外相陸奥宗光如何對中國（清朝）強硬，對俄、德、法忍氣吞聲；還有國民作家宮崎潤一郎對西化生活的抱怨，對傳統文化特別是日式「御手洗」的戀戀不捨……他們的故事呈現了明治精英經歷維新洗禮後的精神面貌，側面映照着西化巨變對日本社會文化的撞擊。

「起步」到日本歷史現場前說點題外話。旅者到外地旅行不僅在看人家的地方，聽他人的故事，其實也是在觀照自身處境，省思本土本地的事。近幾年我城變化甚大，身份認同，核心價值都跟以前不一樣，大家對哺育自己成長的城市感到不安困惑，像陷身迷霧般不辨方向，不知所措。稍微抽離一下，背起行囊到其他地方走走，放開眼界心靈看別人的故事，認識其他民族民眾走過的路，在時空穿梭之間或許更能認識自己，體悟本土我城的獨特。

日本著名生態史學者梅棹忠夫在《福山誠之館》說過：「知識可以透過旅行得來。旅行的同時，必須讀書；讀書的同時，必須思考；思考的同時，更需要旅行。」

好了，現在讓我們背起行囊，放鬆心情從維港出發，開展一段有趣的歷史旅程，從明治走到平成再見識令和年代。

第一章

明治維新起點——從香港開來的黑船

第一章

明治維新起點——從香港開來的黑船

出發到鹿兒島、北海道、東京等地體驗明治維新巨變之前，可以先回到歷史走一圈，看日本為何來個一百八十度改變，從幕府時代的鎖國改為「開國」，不但讓西方人、西方文化進入日本列島，還以西方文明為師改造日本的政經社會體制以至文化，逐步變成今天的模樣。

日本走出原來的閉關鎖國倒不是自願的，客氣點說她的開國是西力東漸這歷史巨流衝擊的結果，老實說的話則是在西方炮艦威嚇下被迫打開門戶，就像中國及其他亞洲國家一樣。而以巨艦大炮逼開日本大門，改變日本國運與日本人的命運的是馬修・培里提督（Commodore Matthew C. Perry）率領的美國東印度艦隊，即日本史上大名鼎鼎的「黑船」。

詹姆斯・貝特爾
James Biddle（網絡圖片）

黑船前傳

故事要從鴉片戰爭結束後即黑船來航前十年的一八四二年說起。

是時清廷與英國簽訂《南京條約》，同意開放五個港口通商，又割讓珠江口一個叫香港的荒蕪小島成為英國屬地。自此西方列強加快對遠東的經營，爭取擴大影響力，後起之秀的美國不甘後人，也動念東來找機會。到一八四五年美國政府決定派出由海軍提督詹姆斯・貝特爾（James Biddle）率領的東印度艦隊到遠東，貝特爾此行有兩個任務，其一是為中美《望廈條約》與清廷官員在廣州交換正式文本，落實美國享有的最惠國待遇及在五口通商的權利。其二就是到日本探索開港貿易的可能性。可以說，貝特爾之行是黑船來航事件的前傳。

貝特爾的帆船艦隊被幕府船隊包圍，與後來培里大軍壓境姿態大相徑庭。(網絡圖片)

艦隊一八四五年六月從美國東岸出發，同年聖誕前夕到達澳門，並以此為主要補給點，對剛成為英國殖民地的香港則過門不入。這樣的決定正常不過，從十六世紀葡萄牙人東來把澳門變成沒有殖民地名義的屬地後，幾百年來澳門一直是歐洲東來商船的主要據點。西方船主、船員在此休息、補給，並蒐集關於中國大陸特別是唯一對外港口——廣州的情報。一八四五年香港剛開埠，各方面條件遠遠落後澳門，自然不會在遠洋艦隊的地圖上出現。十年後當培里艦隊或黑船東來時，港澳卻互換了位置，香港成了黑船的據點及補給站，由此跟日本開國及明治牽上一根歷史紅線，當中變化牽涉不少有趣故事，稍後再談。

貝特爾的艦隊完成換約後在澳門稍事休息，再北上逐一探視已開放的幾個港口包括廈門、寧波、上海，當中上海開始有美國商家在活動，其他商港則還沒有美商踪影。離開上海後，貝特爾繼續北上進行政府指派的第二個任務，那就是到日本了解當地港口會否開放予外國商船、漁船登岸以至進行貿易。

相對於歐洲大國，美國對打開與日本的貿易及海上來往更熱中，一方面因為美國的漁船隊特別是捕鯨船在西北太平洋活動時需要補給設施，日本列島正是區內人口最多的地方，過往有美國捕鯨船遇到海難曾有船員被日本或其他船隻救起送到長崎。若果能跟日本政府有正式協議，對美國船員幫助不少。

貝特爾提督是在一八四六年七月七日率領兩艘風帆戰船包括旗艦Columbus從上海外的舟山群島起航到日本，然而艦隊上下對日本所知有限，只知道長崎是唯一對外開放港口，而荷蘭人則壟斷了日本對中國以外國家的貿易。貝特爾一開始就沒打算到長崎找荷蘭人幫忙，決意直駛江戶這幕府政權中心碰碰運氣。

只是，貝特爾低估了日本幕府鎖國的傳統與決心。兩艘風帆戰船七月二十日抵達浦賀灣，立時被幾十隻日本巡邏船團團包圍，不讓它繼續向江戶前進，還有日本士兵登上旗艦肆意檢查。貝特爾此行為破冰而來，不願節外生枝，沒有以武力驅趕，只向隨日本官員登船的荷蘭翻譯表明美國想跟日方簽訂商業協議的本意。日方官員說要向上方請示然後便離船上岸。

七天後日方通報，天皇下達回覆，重申長崎是日本唯一對外開放的港口，並只有中國及荷蘭的商船可以進港，其他國家通商得透過他們。而日後美國船員遇海難被日方救起的話會被送到荷屬巴達維亞（現今印尼），美方可在當地領回海員，不必叩日本的門。覆函最後要求美國軍艦盡快離開日本水域，以後不要再來！換言之，日方對美方提出的要求一概不答應，日美關係毫無進展，貝特爾完全空手而回。

培里提督率領美國艦隊逼使幕府開國，是近代日本歷史重大事件。（網絡圖片）

還好，高層給貝特爾的命令只是探索日本開關商港的可能性，貝特爾對日方回絕的答覆也就不以為意。兩天之後他揚帆離開日本回國，美國第一次叩日本國門之旅就在沒有結果下結束。要待七年後另一位東印度艦隊指揮官培里（Matthew Perry）帶領蒸汽動力的戰艦再闖關，閉鎖的日本國門才被打開。

貝特爾功敗垂成原因很多，除了指令沒要求必須達成開國協議外，他的艦隊不是黑船般的蒸汽推動的新式巨艦同樣重要。對日本海防官員、士兵來說，貝特爾的戰船無疑體積較大，可外型、裝備跟日本戰船相差不遠，起不了先聲奪人的作用，日本幕府官員自然不肯輕易讓步。此外，貝特爾對今次任務準備不周，連懂日語、日本國情的隨員、翻譯都沒有，空手而回實在難以避免，而爭取日本開國的任務只好多等七年。

從香港來的黑船

率領黑船打開日本大門的培里提督在一八五二年成為美國東印度艦隊（East India Squadron）指揮官。他出身海軍世家，兄長是一八一二年美英戰爭（又稱第二次獨立戰爭）英雄，他自己則娶了紐約豪門的女兒，家勢顯赫，人脈豐沛。基於這雄厚背景，培里個人原希望擔任編制較大、戰略重要性較高的地中海艦隊（Mediterranean Squadron）司令。但海軍及政府高層希望盡快達成七年前貝特爾未能完成的任務，任命時答允賦予他全權代表權力，又把東印度艦隊增強為擁有十二艘船艦的大艦隊，他才同意成為東印度艦隊長官。

一八五二年十一月，培里帶着總統親筆信及條約草案率艦隊從美國東北部基地出發，駛過大西洋，經過好望角到印度，然後在一八五三年四月到達華南海岸，並與原已在遠東的其他船艦會合。

大型艦隊東來的消息早已通報美國在中國、華南的外交官，好讓他們及早作

約翰・高士堡
John Goldsborough（網絡圖片）

準備，包括艦隊的停靠與補給安排。美國駐澳門領事羅拔・迪施華（Robert Desilver）在香港、澳門兩地之間傾向選擇澳門作為艦隊的基地。他認為，香港島除了港口良好外，天氣氤氳混沌不健康，倉庫簡陋，還有白蟻為患，對倉庫及貨物都可能造成重大損失。而且，葡萄牙在澳門當地有駐軍，治安及秩序不成問題，所以他大力推薦艦隊以澳門為駐地。

但培里坐旗艦Mississippi到達香港考察後卻決定以香港作為前進日本的根據地。根據隨員之一約翰・高士堡（Lieutenant John Goldsborough）寫的家書，澳門本來有明顯優勢，包括商業及其他配套較有規模等。不過，澳門沒有水深的港口，特別在大型蒸汽輪船出現以後缺點更是明顯。若決定以澳門為補給基地，船艦只能泊在距市區三哩外海，上落貨物得使用大量駁艇，遇上惡劣天氣真是一場惡夢，即使天清氣朗費用也相當驚人。

香港總督文咸（George Bonham）非常歡迎培里艦隊以香港為前往日本的補給基地。（網絡圖片）

香港島卻有維多利亞港這天然良港，再大的船都可停泊在離岸一千碼之內，食水、煤碳、食物補給非常方便。倉庫租金也較便宜，大概只是澳門的六成左右（澳門當時倉租一年約八百美元，香港只需四百八十元）。

香港本來還有一個不利之處，那就是她是英國殖民地，而英美既有當年殖民地戰爭的舊怨，又有爭逐加勒比海及西半球海上霸權的新仇，美國把一支重要艦隊的補給站放在英國殖民地隨時受英國約制。還好，到十九世紀中葉英美爭雄基本告一段落，英國在遠東想的是貿易利益及勢力平衡。美國既沒打算挑戰英國的商業利益，培里艦隊若能打開日本國門，英國也能分享利益。此所以時任香港總督的文咸（Sir George Bonham）大力歡迎培里艦隊以香港為補給基地，並給予一切方便。

基於種種原因，培里否決迪施華的提議，棄用原在澳門的倉庫，改以香港為艦隊基地。可以想見，要是香港沒成為英國屬地及船艦補給站，又或澳門的港口條件稍好，又或英國跟美國依然水火不容，又或蒸汽輪船的發展沒有那樣迅速，香港肯定跟這趟黑船來航的盛事擦身而過。

日本開國現場的故事

回到黑船來航主角：培里海軍提督的故事。他為了完成今次歷史任務可真是費了九牛二虎之力做各種準備。美國阿拉巴馬大學歷史系教授羅拔．艾雲．莊遜（Robert Erwin Johnson）年前寫了一本*Far China Station: The U.S. Navy in Asian Waters, 1800-1898*，由美國海軍學院出版社（Naval Institute Press）出版，書中莊遜以「最重要的航程」（The Most important Cruise）來形容今次旅程，花了不少篇幅提到培里艦隊的任務及當中的準備工夫，包括不少罕為人道的細節，趣味盎然。

話說培里雖是美國海軍星級指揮官，但對遠東地區所知有限。他深知今次打開日本國門任務極可能是個人軍旅生涯最重要任務，上任前已力爭大幅增強東印度艦隊實力作外交後盾。而為了在日本談判能順利進行，培里自己花了好幾個月時間讀有關日本歷史、民情的書籍，又特地找來兩位隨行助理，其中一位通曉日語的荷蘭人成為他的翻譯。

荷蘭自十七世紀開始一直在日本長崎營商，壟斷了日本對西方貿易以至文化交流，在西方國家中了解日本較多，而日本政府也經常透過荷蘭人商船打聽外面世界的事。因此，直到明治初期，日本仍把西方來的理論、知識說成是「蘭學」，「蘭」就是荷蘭的意思。培里特意聘任荷蘭人當翻譯就是要借助他們對日本人、社會及語言的了解。

此外，美國國務院鑑於七年前無功而還，在今次培里出發前也為他準備了大量有關日本國情、政治局勢、禮儀的資料，讓他知道日本朝野對儀式、禮節、外觀、官員地位身份看得極重，不能失禮失威於人前。國務院還為培里準備了總統的親筆信及條約草擬密本，讓他手執炮艦，權力與正式文件，可以全權代表美國跟日本周旋。

一八五三年七月，培里的黑船艦隊從香港經上海、琉球群島的那霸闖進江戶灣，當中包括 Mississippi 和兩艘二千噸級蒸汽驅動戰艦（日方最大海防船只有一百

培里提督率領美國艦隊逼使幕府開國，是近代日本歷史重大事件。由於艦隊清一色為黑色，成為現代日本詞語「黑船」(kurofune)的辭源。

噸左右），並在江戶灣邊緣的浦賀（Uraga）附近下錨。多艘日本邊防船即時逼近想趕美艦離開，又動員邊防守軍戒備及要求登上美國船隻交涉。培里拒絕會見日本海防官員或讓他們登船，日方免費提供的食水、食物也一概回絕。他透過傳譯人員向日方官員表明，只會跟官階相若、地位高的日本大臣或貴族見面及商議。過了幾天，培里還派船隻斟探江戶灣的水文資料，逼近江戶城向日方施壓。

擾攘一星期左右，日方終派出浦賀奉行（Co-Governor）在久里濱（現時的橫須賀）跟培里會面商討。雙方在久里濱第一次接觸算是客氣，沒有什麼火花。培里只是把要求建立外交及貿易關係的官方文件交予浦賀奉行，表明明年春天會乘船再來了解日方的回應。不過，黑船來航第一回合未就此結束。培里為了向日本示威，在會見結束後第二天坐Mississippi及船隊深入江戶灣，直到可以清楚眺望江戶城的地方才掉頭返航離開日本水域，今次強闖行動把日本邊防官員、船艇嚇得大驚失色，擔心黑船硬闖江戶及登岸。

培里第一次叩門後經琉球群島那霸補充煤碳後回到香港，美國海軍也依原來的計劃派出多艘軍艦東來支援培里的東印度艦隊，包括增派另一艘蒸汽動力軍艦，令艦隊有三艘日本人從未見識過的新式炮艦，帶來的震撼比現代的核動力航母只怕有

堪富利·馬素爾
Humphrey Marshall（網絡圖片）

過之而無不及。

在次年重訪日本前艦隊發生了一些小插曲，那就是美國駐華外交官及在華商人「眼紅」培里艦隊人強馬壯，紛紛要求培里抽調部分船隻作其他用途。其中駐華代辦堪富利·馬素爾（Humphrey Marshall）認為培里使日並不是什麼重要任務，不應挪用大量戰艦，要求培里在中國五個通商口岸各派一艘戰艦保護美商及美國公民；馬素爾還要求培里派出旗艦Mississippi護送他北上南京及北京，嘗試直接跟清政府及太平天國軍聯繫。

培里反對馬素爾的要求，認為大部分通商口岸如寧波等根本沒有或只有極少數美商居住，犯不着派船到當地。至於跟太平天國聯繫，培里認為該待戰局較明朗才進行。作為外交官及駐華代表的馬素爾對培里的反應深感不滿，強力反駁之餘還要求把事件提交總統仲裁，再決定艦隊該如何調度。要是美國總統支持馬素爾，認為中國的商業利

美國總統　富蘭克林．皮雅斯
Franklin Pierce（網絡圖片）

益更重要，培里艦隊便可能會大大削弱甚至瓦解，培里個人或許會被迫去職，打開日本大門的計劃將因而推遲或擱置，日本近代史走向可能會不一樣。

歷史當然沒有如果，時任美國總統富蘭克林．皮雅斯（Franklin Pierce）根本無意改變培里的任務。沒多久，國務院發出命令撤換馬素爾，並向繼任人表明，東印度艦隊不受駐華代辦控制，總統期望代辦跟司令官衷誠合作，維護及增進美國利益。

「The President does not propose to subject (The commander in Chief of the East India Squadron) to your control, but he expects that you and he will cooperate together whenever, in the judgement of both, the interests of the United State indicates the necessity of such cooperation.（總統先生不打算將東印度艦隊撥給你麾下指揮，但他期望你們兩位會作出適當考慮，在必須的情況下

為了美國的利益衷誠合作）。」

培里一直認定打開日本國門是美國當前最大利益，也是艦隊東來最主要的任務，有這樣的指示，他的權限再得到確立，不用分神處理中國亂局，可專心為再闖日本及展開實質談判作準備。

黑船第二次到日本是一八五四年春天的事，船隊分批從香港出發。第一批一月十四日駛出維多利亞港，在琉球（沖繩）那霸港補給後再前往日本。到二月十三日整支艦隊到達江戶灣（Edo Bay，現在的東京灣），穿過浦賀海峽逼近神奈川縣地界，距離江戶城大約五十公里。這次美日談判的過程有大量書籍、文獻紀錄，非常詳細，當中更有不少有趣的交手片段，清楚反映日美的巨大文化、科技、政治差距。

從第一次到第二次黑船到訪之間，幕府政權本身也有變動，十二代將軍德川家慶過世，由年輕的德川家定接任。當時他身邊的幕臣對是否開港意見分歧，最大的共同點則在於避免跟西方列強發生戰爭，無奈下決定至少跟培里會面及商談，觀望對方的要求；而談判的原則是能不讓就不讓，能不開門就不開門，即使迫不得已要打開國門，也得局限在最少範圍與程度。

當培里艦隊（共九艘船艦）全數到達浦賀附近海面時，日方浦賀奉行登船安排各種細節包括正式會談的地點。日方建議在距離江戶較遠的浦賀或浦賀南端的小鎮，培里堅持不接受，並把艦隊駛入江戶灣可以眺望江戶城的水域向幕府示威。兵威下日方改為提議在浦賀跟江戶之間一個名為橫濱的小漁村作為雙方官員談判的場地。培里最後同意在橫濱進行談判，並派軍官到當地視察日方臨時打造的談判所（treaty house）。地點確認後，培里將他艦隊的八艘船在附近下錨列隊，炮口指向橫濱。對培里而言，橫濱海面寬闊，艦隊活動方便自如，不必擔心被包圍或擱淺；最重要的是橫濱包括談判所都在美艦大炮及火力可控制的距離。

決定談判地點後，培里用心為自己進入橫濱談判的禮儀作周詳準備。根據莊遜的研究，這位海軍將領經過上次交手經驗後確信日本官員對儀仗、禮數、規格非常重視。

三月八日是登陸談判的日子，培里安排五百名全副禮服的海軍官員及三支軍樂隊先行登岸，從下船處左右兩行列隊排開，一邊奏樂一邊等待培里。到正午時分，旗艦響起十七響禮炮，培里全套軍服（掛滿勳章）與隨員登上駁艇緩緩登岸，走過列隊官員跟日方四位幕府大臣會面。雙方接觸後，美國船艦先鳴放二十一響禮炮向日本天皇致意，再放十七響禮炮向作為美國總統代表培里敬禮。

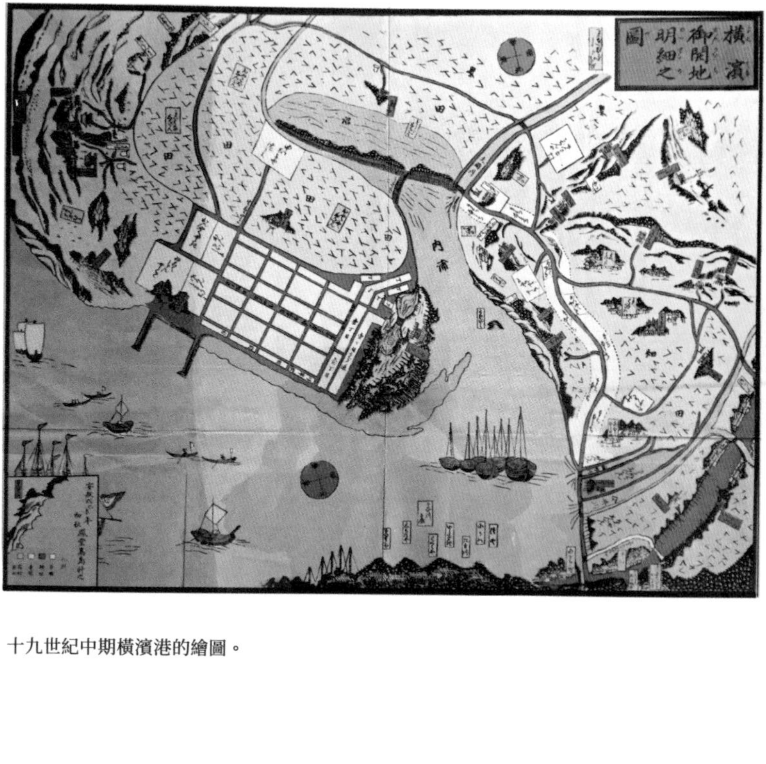

十九世紀中期橫濱港的繪圖。

這樣繁複周到的禮儀耗用大量人力物力，但在重視禮儀及排場的日方官員而言實在印象難忘。往後培里再登岸會談便不再重複類似的禮儀，專注談判及達成協議。

雙方終於達成《神奈川條約》，正式打開日本國門。根據條約，日方同意在原來的長崎以外開放在北海道箱館（函館）及伊豆半島南端的下田（Shimoda）為港口，讓美國船艦可以補給，並讓美國在下田派駐領事。其他如締結商貿協議、開放國境讓外國人（商業及教士）進入日本則沒有太多進展。

其實，日方代表起先連下田也不願開通，只想繼續以長崎作為主要對外口岸，但培里堅決拒絕，認為長崎形同日本政府恩准外國人駐留的地方，無法達到平等對待、正式交往的意思及格局。而且，長崎早已有其他外國商旅駐紮，不能算是美國或培里的獨特貢獻，一心史上留名的培里自然不肯「收貨」。

未能正式簽署通商協議雖有些遺憾，但培里總算跟日本建立了正式的外交連繫，讓美國有權派駐常務外交官，還可以在十八個月後雙方交換條約正式文本時再進行後續談判，爭取其他方便。對培里來說，打開日本國門的目標已達成，可以向海軍部、總統有交代，對《神奈川條約》已感非常滿意。

在談判期間後，培里也把握機會向日本展示美國的軟實力。運輸艦Lexington

號把大量禮物及新科技發明以小艇一一送到岸上讓日本官民開眼界。當中除了美國製鐘錶、槍炮火器、酒類、書籍外，培里還送上一段鐵路路軌及火車模型，模型火車大小可讓一個小孩乘坐，讓日本官民首次見識蒸汽火車的「威力」。美國士兵還在培里的命令下在橫濱與鄰近另一條漁村鋪設電報線（telegram），展示新式通訊的快捷方便。

這些「軟實力」跟蒸汽推動的黑船在日本官民中顯然留下極深印象，德川幕府高層官員如「老中」阿部正弘聽取滙報後更確信日本不能再搞什麼攘夷，而是須多了解外國情況，積極學習西學。

一八五四年三月三十一日簽署《神奈川條約》後，培里並沒有立即返航或離開日本水域，而是率領船隊造訪箱館及下田兩個即將開放的港口，並沿途勘測日本水域的水文資料，直到三個月後的六月二十八日這次黑船開國之旅才結束，離開日本水域，培里接着順道訪問那霸，跟琉球王國簽訂類似協定，讓美國船隻可以停泊那霸港及自由上岸採購補給等。之後培里才乘坐Mississippi回到香港。

回港後培里卻忽然要面對連串的麻煩事包括人事問題及上海的戰爭（清軍與太平軍激戰），他還被迫派遣屬下船艦協助英軍平定局勢，阻止戰爭蔓延至外國人居住的區域。直到同年九月，培里申請退任東印度艦隊指揮官職務，把指揮權交予接任人後乘坐英國註冊的半島與東方蒸汽輪船公司（Peninsular and Oriental Steam Navigation Company）的蒸汽船取道歐洲返回美國（順道與在荷蘭的家人）團聚。

他的旗艦Mississippi則把日本之行的資料、會談紀要、日方禮物產品經合恩角（Cape Horn）送回美國，讓培里退役後把今次經歷寫成三大冊回憶錄：*Narrative of the Expedition of an American Squadron to the China Seas and Japan*，成為黑船來航這重大歷史事件的重要文獻資料。

黑船來航日本有備而戰？

看過美國對黑船來航的記述，可以簡單說一下日本方面對開國談判這件歷史大事的說法。跟培里的紀錄相比，幕府方面的材料及官方文件只有更多更詳細，歷史學者井上勝生在《幕末與維新》一書中來了個扼要的引述，可讀性甚高。

爬梳大量資料後，井上勝生提出了幾個有趣又常被人忽略的重點。過去不少人認為幕府政權被培里艦隊來訪殺個措手不及，沒有充分準備應對，以至被迫開國。可原來幕府雖然長期鎖國，其實仍保有對外的訊息渠道，其中荷蘭的非正式交往最密切，除了透過荷蘭商船、商人帶來稱為「蘭學」的西方新知識外，還規定進入長崎的外國商船向長崎奉行（幕府派駐的官員）報告海外局勢，稱為「風說書」。中國來的商船交上的稱為《唐之風說書》；荷蘭的則稱為《荷之風說書》。

另一方面，長崎官員還會依據外國商人口述及他們帶來的報紙刊物整理撮要，寫成「別段風說書」呈交在江戶的幕府。也就是說，幕府對外國包括西方的情況不是一無所知，倒是每年有更新情報。在一八四二年鴉片戰爭後，幕府方面更請求荷蘭政府每年提交「荷蘭別段風說書」，好讓他們更準確了解西方的情勢。

一八五三年送來的風說書就有提到法國的路易．拿破崙在一八五二年復辟帝制，成為拿破崙三世。在前一年的風說書中，荷蘭方面有一條情報提到「培里受命駛向日本，其目的第一是通商，第二是儲煤所……」。

正因為幕府對美國船艦來訪早已略有所聞，他們在某些方面也作了一些準備。井上勝生提到，當培里艦隊到達江戶灣久里濱登岸，再進行呈遞美國總統來函儀式的時候，美軍固然全副戎裝，上了刺刀耀武揚威，日本幕府也有一隊配備西洋槍械

（蓋貝爾槍）的武士警備隊列陣，他們按指揮官下曾根三郎的命令，把槍口指向登岸的美國士兵及海上的艦隊，以示日方不會坐以待斃。培里的美軍想展示軍威來個先聲奪人，日本幕府則想輸人不輸陣，把僅有的「西式部隊」端出來以壯聲威，不想示美國以弱，希望能在較平等的地位進行外交交涉。從這些細節來看，日本在開國談判時絕非無知或任人漁肉的境地。

談判《神奈川條約》時還有一些有趣的地方。條約在日本被視為不平等條約，當中有兩方面對日本是不利的，其一是派駐領事問題，其二讓美國單方面擁有最惠國待遇。據井上勝生考證，派駐領事方面日本的理解是日美雙方認同才可能設置領事，日方的文本寫的也是這個意見；但在英文文本中，寫的卻是任何一國認可都可以設置領事。這樣的歧義是因為lost in translation還是日方談判代表外語水平太差，或是有其他原因不得而知，只知道當美國拿着確認了的條約文本要求日方履行在箱館、下田設領事館之時，日方已難拒絕。

至於單邊最惠國待遇是西方列強對落後東方國家政府的慣技，以確保自己可以分沾到其他列強得到的好處。以培里艦隊的兵威加上兵臨江戶城來看，日本其實拒絕不了。

博物館內的培里雕塑。

不過，日方在個別問題上算是「成功爭取」，特別是盡力限制外國人在日本的活動範圍。日本幕府上下對開國其實有很大分歧，部分重要大臣如水戶家的齊昭公認為外國人會污染神聖的國土，因此強烈反對讓夷人入國。幕府重臣如阿部正弘等雖知道不可能再迴避與外國人接觸，但底線是不能讓外國人在日本境內自由通行，開放的口岸也必須限定登岸的外國人不能四處遊走，更不能進入重要政治、商業中心如江戶城。

日方官員在跟美國磋商《神奈川條約》時積極要求嚴限美國人登岸後可以活動的範圍及時間，培里方面要求美國人上岸後可以在十里（約四十公里）的範圍行走活動，日本則認為應限制在五六里；雙方拉鋸一番最後同意為七里，那大概是一天內能夠往返的距離。以新開放的下田港為例，十里大概到達伊豆半島中央，六里則只會到達伊豆南部的天城峽左右，兩者其實跟江戶城仍有過百公里距離，但幕府談判全權代表林復齋不肯輕言退讓，最後敲定七里作為折衝。位於北海道的箱館限制更嚴，外國人只能在五里範圍內行走，並且禁止進入蝦夷地即原住民的聚落。

表面看，限制外國人通行範圍似乎小事一樁，但力爭這樣的限制有兩個重要作用。首先，從原則上堅持本國有權控制外國人在日本的權利，即使被迫開港也不讓他人予取予攜，防止外國人、外國文化一下子湧入對社會造成重大影響。更重要的是，第一條跟外國訂立的條約規限了外國人的活動範圍，他們不能隨便通行日本全境，這令外商、外貿要打進日本市場加倍困難，也可以較好的保護本國商業商人的利益，跟中國開設口岸就讓外商、外國人四處活動有重大分別。

位於下田的培里路

結束黑船來航這一章前，得到位於伊豆半島南部的海港小鎮——下田走走。前面提到，培里提督率黑船打開日本國門，逼日本新增兩個港口讓外商開展貿易，不再局限於長崎。選北海道的箱館不奇，從西北大平洋南下，北海道箱館是非常有用的補給中轉基地，可儲存大量煤炭，又可以讓美國的捕鯨船或其他船遇事時有港口可停靠。何況箱館本身也是北極圈地區與毗鄰海島的貿易中心，可說已具備作為國際貿易港的基本條件。

下田卻不過是江戶灣、相模灣一帶眾多海港小鎮之一，培里提督為何對它獨具青眼呢？首先該說是美國互諒互讓的結果吧！培里希望新開的港口愈接近江戶城愈好，可以更易了解日本政治中樞的情況，也可以更方便進入這個人口百萬的都會商業圈，浦賀距離江戶城不過幾十公里，本來是更理想的地方，但幕府政權也不是省油的燈，對開國本已不情不願，又見識過美國軍艦的陣勢如何厲害，堅決不肯在江戶灣內開港。

退而求其次，培里只能在較邊陲的地方選，最後選中在伊豆半島南端的下田。這個小漁港距江戶約二百公里，但至少在江戶灣附近的相模灣，美國軍艦由此起航到江戶灣相當方便，算是可接受的選擇。

地理位置外，培里選中下田還有另一個原因，那就是他及隨行美國海軍人員對當地海岸景色深深喜愛，從船上看山巒秀氣，從岸邊外望大洋一望無際，加上風平浪靜，大夥都認為是落腳的好地方。培里提督作決定前曾親自上岸視察，在下田沿海小路逛了好一會，欣賞了風景，終於敲定下田作為新開的港口，有一段時間美國駐日領事就駐居下田海傍的了仙寺。

培里一個半世紀前在下田的足跡現在成了一條名為「培里路」的觀光景點。不是多長的路，前後大概七百米，沿路有一小溪相伴。路的兩旁現在是民宅、食店及Cafe，但仍相當清幽，很適合悠閒的逛逛，發一下思古之幽情。培里路附近還有黑船來航紀念碑，開國博物館及簽訂條約的了仙寺等跟黑船來航事件相關的景點，喜歡打卡的話可以拍拍照片。

培里路以外，下田的海灘也相當漂亮。從國道135號南下會經過白浜海水浴場，海水也許比較冷，但在細沙上漫步是不錯的節目。

明治維新後，日本開放更多港口讓外商貿易，包括神戶、橫濱、大阪及江戶（東京）等，下田的重要性因而大減，很快就回復為平靜海港小鎮，倒是留下了培里的歷史足印。

第二章

從鹿兒島走向世界——薩摩偷渡者與明治維新領航人

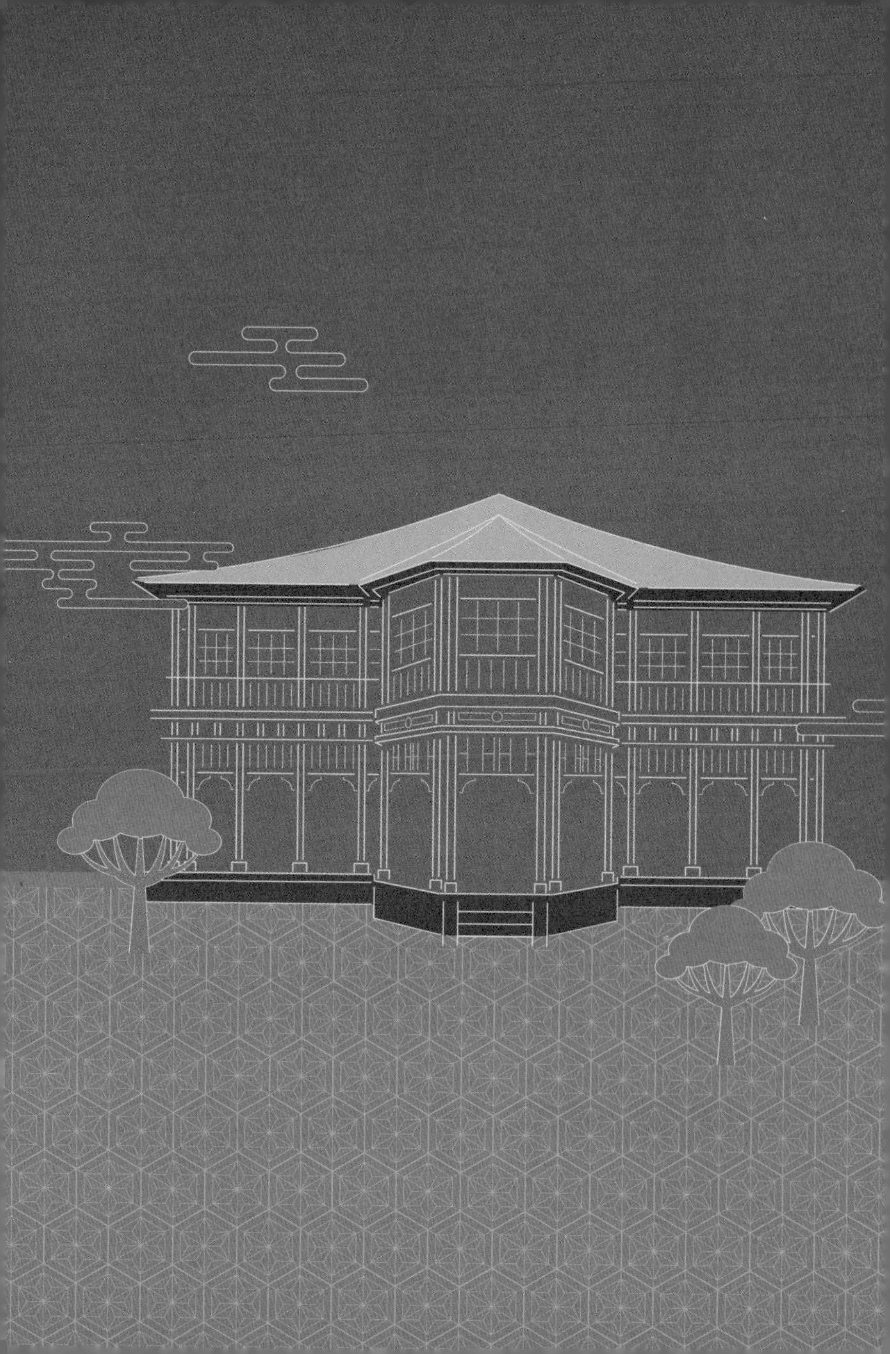

第二章

從鹿兒島走向世界——薩摩偷渡者與明治維新領航人

關於鹿兒島(薩摩藩)在明治維新及日本開國的作用想以一個薩摩年輕人冒險的故事作開始。故事主人翁是十九位薩摩藩選派「偷渡」到英國留學的年輕人,年紀最小的只有十三歲。他們出發的時候不知英國有多遠,不知道命運有何安排,即使能安全回來的話也沒有高官厚祿等着他們,反而可能因違反鎖國令被處分。可他們勇往直前,昂首向未知的世界邁步,後來成就了一個個精采人生。有的當了大官,有的成為實業家,有的成了加州葡萄酒之王……在他們的冒險旅程中,還讓香港與薩摩藩或鹿兒島添了點「緣份」,值得說一下。

故事還是要從美國黑船打開日本大門說起。自此之後,西方列強包括英國迫使幕府政權開放更多港口,也有更多外國人

一八六二年發生的「生麥事件」中，英國商人查理斯．理察森被薩摩藩武士所殺，導致後來英國艦隊炮擊鹿兒島。（網絡圖片）

在不同日本市町活動。一八六二年在橫濱附近的生麥村發生「生麥事件」，當時有四名洋人包括英國人碰上薩摩藩攝政島津久光（島津齊彬之弟）的出遊行列隊伍，他們沒有按日本人的禮儀退在一旁，被隨行薩摩武士斬殺，造成一人死亡、兩人重傷。

英國政府除要求幕府賠償外，更為了懲處薩摩藩及顯示實力而派出七艘軍艦開入錦江灣，到距離鹿兒島城一公里處下碇，要求薩摩藩懲罰行兇者（包括藩主）及賠款二萬五千英鎊。反覆談判後薩摩藩拒絕賠償，雙方決定硬碰。

一八六三年八月，英國戰艦以大炮百門轟擊鹿兒島城、集成館（工廠區）及炮台，令至少五百座民居受損，集成館的工廠也受創。不過，薩摩藩炮台的大炮也令一艘英艦重創，另外兩艘受中度傷害，並造成六十名英兵死傷包括艦長及副艦長。這場名為英薩戰爭的炮戰在勝負不清互有死傷下結束，雙方決定議和，英方從幕府方面取得賠款，決定不再追究兇手，事情暫告一段落。

薩英炮戰，薩摩藩方面雖未一敗塗地，但從藩主到參戰的武士以至一般民眾都深切感受到西方武器的威力及科技的優越，對學習西方文明、技術的決心更大。薩摩藩攝政、島津齊彬的弟弟久光決定冒違反幕府鎖國令的風險，派薩摩年輕學生到英國留學，吸收新知識以為薩摩日後發展現代科技之用。在秘密募集及挑選後，最後組成十九人的留學團，由薩摩藩家臣新納久脩為團長，決定在一八六五年（即薩英戰爭後不到兩年）二月出發。為了掩人耳目，留學團成員不能從鹿兒島的港口或錦江灣出發，需要另覓隱密的出航點，最終他們選擇了薩摩藩西岸一個叫「羽島」（Hashima）的小漁港。

一行人自鹿兒島城郊出發，從陸路向西走，經過伊集院、妙丹寺等地到達苗代川，休息一晚後再從苗代川出發到另一個小漁港市來港，然後再乘船到羽島這個出發點。這樣迂迴走着花了兩日一夜，成功避過幕府耳目，也令這秘密留英團不受干擾。

學生們一八六五年二月到達羽島，在小村落住了兩個月，一方面等候接他們的船隻，另一方面也要作各種準備包括了解英國的語文、生活習慣、衣飾及風土人情等。到四月中，一艘名為「澳洲人」(Australian)的蒸汽船抵達羽島，接載十九名留學團成員開展訪英之旅。

自羽島出發後，澳洲人號第一個停靠的港口就是當時已成英國殖民地的香港。從羽島到香港的船程風浪甚大，多數留學團成員被拋得暈頭轉向，嘔吐不已，苦不堪言。被風浪折騰四天後，澳洲人號終於抵達維多利亞港。船隻徐徐入港時，留學團成員都被港口景色弄得目瞪口呆。他們從未見過如此繁忙的港口，沒見過如此大量的蒸汽船、帆船雲集。中環岸上晚間點起的煤燈就像繁星點點，在夜色四合下格外閃爍耀眼，把香港夜市照得璀璨繁華，讓年輕學生們大開眼界。青年學生們在香港上岸後曾四處閒逛，購物觀光，還在酒店嘗過英式下午茶，相當愜意。據說一些團員在個人家書及筆記中有提到香港這個令他們眼界大開的中途站，只是相關紀錄沒留下來，也沒照片(連羽島特地設立的「薩摩藩英國留學生紀念館」也沒有收藏)，實在可惜。

在香港逗留十日，留學團登上另一艘輪船繼續行程，經過新加坡、檳城、印度孟賣、埃及、馬爾他，最後在六月二十一日即出航後兩個月抵達英國西南部港口城市修咸頓。上岸後他們稍事休息後就開始遊學之旅，走訪了英國不同地方的工廠、學校，包括曼城、伯明罕、Cheshire、Bedford，部分人還渡海到法國巴黎的萬國博覽會觀摩、考察。

到英國的十九個日本紳士

為了融入西方社會，留學團成員開始旅程後不久就剪掉頭頂的束髮，改用西方的髮型，又把武士刀捨棄。他們到達修咸頓的時候，當地報章的海事資訊欄也有提及這艘Delhi號共有一〇一名乘客入港，當中包括十九名日本紳士（Japanese Gentlemen）。這些日本紳士留英的時間各有不同，有的輾轉超過兩年，有的只有一年，有些則轉到其他國家如美國，其中一位團員在留學後更決定長留外地，不再回日本及薩摩。

十九位薩摩留學團成員聲名及成就雖不如薩摩前輩如西鄉隆盛、大久保利通、東鄉平八郎般顯赫，但也各自在維新大業或其他方面扮演重要角色，有的創立了一

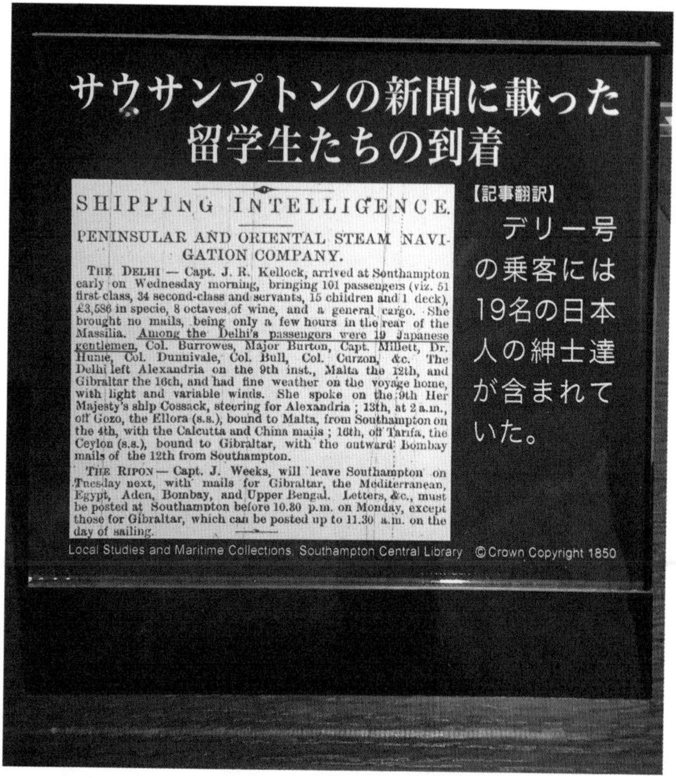
サウサンプトンの新聞に載った
留学生たちの到着
SHIPPING INTELLIGENCE.
PENINSULAR AND ORIENTAL STEAM NAVIGATION COMPANY.
THE DELHI — Capt. J. R. Kellock, arrived at Southampton early on Wednesday morning, bringing 101 passengers (viz. 51 first class, 34 second-class and servants, 15 children and 1 deck), £3,586 in specie, 8 octaves of wine, and a general cargo. She brought no mails, being only a few hours in the rear of the Massilia. Among the Delhi's passengers were 19 Japanese gentlemen, Col. Burrowes, Major Burton, Capt. Millett, Dr. Hume, Col. Dunnivale, Col. Bull, Col. Curzon, &c. The Delhi left Alexandria on the 9th inst., Malta the 12th, and Gibraltar the 16th, and had fine weather on the voyage home, with light and variable winds. She spoke on the 9th Her Majesty's ship Cossack, steering for Alexandria ; 13th, at 2 a.m., off Gozo, the Ellora (s.s.), bound to Malta, from Southampton on the 4th, with the Calcutta and China mails ; 16th, off Tarifa, the Ceylon (s.s.), bound to Gibraltar, with the outward Bombay mails of the 12th from Southampton.
THE RIPON — Capt. J. Weeks, will leave Southampton on Tuesday next, with mails for Gibraltar, the Mediterranean, Egypt, Aden, Bombay, and Upper Bengal. Letters, &c., must be posted at Southampton before 10.30 p.m. on Monday, except those for Gibraltar, which can be posted up to 11.30 a.m. on the day of sailing.
【記事翻訳】
デリー号の乗客には19名の日本人の紳士達が含まれていた。
Local Studies and Maritime Collections. Southampton Central Library
© Crown Copyright 1850

羽島薩摩藩英國留學生紀念館中，有當年十九名日本留學生到達英國修咸頓時的報章報道。

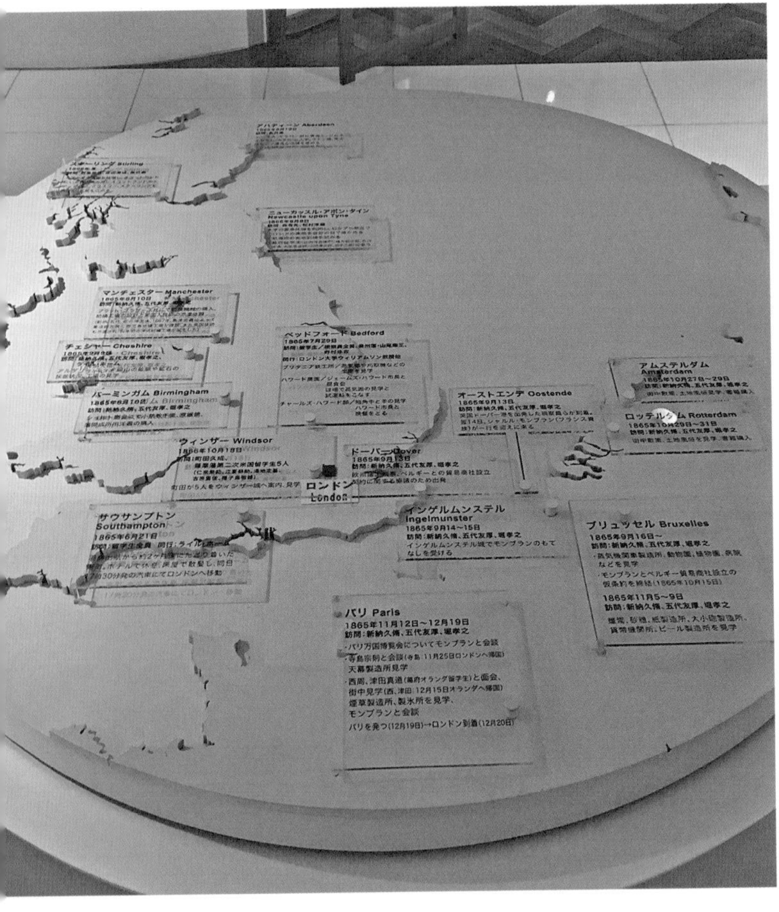

羽島薩摩藩英國留學生紀念館中有地圖展示當時留學生的足跡。

番個人事業。從政者之中最著名的是後來成為文部大臣的森有禮。森有禮一八六八年回國，一八七三年跟福澤諭吉等知識分子組成「明六社」，積極從事西化啟蒙運動，又曾在一八七五年擔任日本駐華公使，與清朝北洋大臣李鴻章就朝鮮問題交涉，後來簽訂有關朝鮮問題的《江華條約》他也有參與。

到一八八五年受好友、總理伊藤博文之邀入閣成為文部大臣，開展一系列教育改革，推動全國普及教育，為日本現代學制奠下基礎。可惜，明治年間舊藩士、浪人刺殺風氣極盛，經常有政府要員、政治領袖在公開場合被刺殺的事件發生。一八八九年二月十一日《帝國憲法》頒布當日，森有禮在出席大典途中被「國粹派」（反對維新力量）刺客以武士刀刺傷，翌日傷重死亡，未能進一步發揮所長。

從羽島出發赴英國倫敦大學學習時，森有禮年僅十八歲，雅好文學創作的他行程中留下了不少家書及即興創作的俳句，其中「宇宙同遊一笑中」這句就充滿豪情壯志，成為不少人傳誦的佳話。

森有禮以外，偷渡出國的薩摩留英團成員還有著名企業家、政治家五代友厚。他回國後被大久保利通羅致，為薩摩藩及明治政府出謀獻策，一度擔任議員，後來棄官從商，大力推動國際貿易，以大阪作為重要基地，成立現代化的商行及商業組織。大阪商會及大阪證券交易所正是由他創辦。

森有禮回國不久後成為文部省大臣，可惜在大展拳腳前被行弒身亡。(網絡圖片)

五代友厚回國後在明治政府工作不久即棄官從商，在大阪經濟界成為一代商賈。(網絡圖片)

從薩摩藩士到葡萄酒之王

還有一個人物不得不提，他的名字叫長澤鼎。長澤鼎在明治及日本歷史中是個陌生的名字，知道的人不多，可他在留英團中的經歷卻別樹一格。

長澤鼎出國的時候只有十三歲，是留學團中年紀最小的一人。年少的長澤鼎在英國留學幾年後習慣了西方生活及文化，選擇不回國繼續向外闖的路。到一八七五年，二十三歲的他隨一位美國牧師轉到美國西岸加州生活，以務農釀酒為生，牧師建立了莊園及稱為Fountain Grove的酒廠，長澤鼎則協助栽種葡萄及釀酒。莊園及Fountain Grove酒廠地點在三

長澤鼎到了美國後落地生根，學習酒莊經營。（網絡圖片）

潘市北部Santa Rosa（現今的Sonoma County），當地現時仍是重要釀酒區，而長澤工作的Fountain Grove更是當地第一家酒廠，所釀的Pinot Noir 葡萄酒口碑及銷量甚佳。

長澤既決心在異地創一番事業，便全情投入酒廠工作，不斷協助改善出品，還大力把當時不見經傳的Cali Pinot推廣到國外市場包括歐洲，以增加產量再多買田地。其後，酒廠的釀酒師Dr John Hyde離開，長澤接任釀酒師；到一九〇六年，帶長澤到加州的牧師逝世，長澤成了酒廠新主人，可以更盡情發揮釀酒技術及生意頭腦，令Fountain Grove的酒在加州及國外銷量進一步攀升（一度佔加州葡萄酒產量一成）。由於酒廠成績斐然，名聞全國，長澤鼎被當地報章形容為「Baron of Fountain Grove」或「Baron Nagasawa」。

不過，長澤鼎的釀酒廠並非一帆風順。二十世紀初美國一度實施酒禁，各酒廠包括Fountain Grove都遇到甚大困難，銷量大受影響，長澤被迫以葡萄汁(Grape Juice)的名義出售葡萄酒，直到酒禁解除危機才過去。長澤鼎打理酒廠到一九三四年過世為止，而Fountain Grove到一九四〇年代初仍有以自家品牌釀造及發售Pinot Noir葡萄酒。不過，因為法例修改及二次大戰美日成你死我活的對手，長澤鼎的後人一度被關進禁閉營，失去了酒廠的控制權包括土地，戰後也未能收回，只得到約二萬美元賠償。酒廠自二戰以後開始停產及長期荒廢，到二〇一五年因破損太嚴重被清拆，部分酒廠的牆磚、紅木柱、老式窗門則保留在附近的Paradise Ridge Winery試飲室，以作為對酒廠及長澤鼎的紀念。

長澤鼎自一八六五年出國後從未再踏足鹿兒島或日本，日本國內知道他事跡的人本來不多。到一九八三年美國總統列根訪問日本，在國會發表演說，強調日美友誼及互相學習的重要性；演說末段列根特別提到長澤鼎及Fountain Grove酒廠，說他是加州「葡萄之王」(Grape King of California)，又稱讚他的開拓及「武士、商人」精神帶來了好的葡萄酒，豐富了美國人的生活。列根這番話一度讓長澤鼎的故事在日本成為熱潮，引發大量報道及研究。

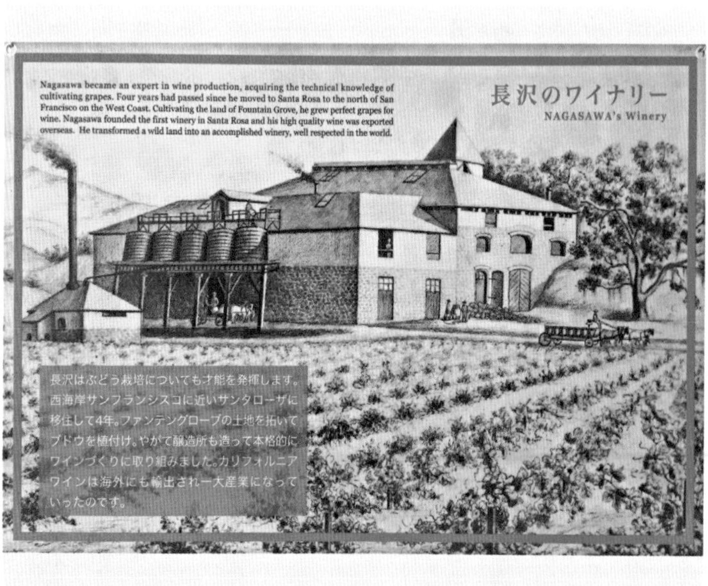
Nagasawa became an expert in wine production, acquiring the technical knowledge of cultivating grapes. Four years had passed since he moved to Santa Rosa to the north of San Francisco on the West Coast. Cultivating the land of Fountain Grove, he grew perfect grapes for wine. Nagasawa founded the first winery in Santa Rosa and his high quality wine was exported overseas. He transformed a wild land into an accomplished winery, well respected in the world.
長沢のワイナリー
NAGASAWA's Winery
長沢はぶどう栽培についても才能を発揮します。西海岸サンフランシスコに近いサンタローザに移住して4年。ファンテングローブの土地を拓いてブドウを植付け。やがて醸造所も造って本格的にワインづくりに取り組みました。カリフォルニアワインは海外にも輸出され一大産業になっていったのです。

羽島薩摩藩英國留學生紀念館中有關長澤鼎當年經營的酒莊繪畫。

不管如何，十三歲的長澤鼎從薩摩下級藩士之子變成美國西岸的釀酒家，甚至是Grape King of California，他從羽島起航時大概想不到！

今天從鹿兒島到羽島，開車走南九州自動車道大概不到一小時就抵達，不用像留英學生團當年那樣停留兩天一夜。羽島依然是個純樸的漁港，港外就是一望無涯的大海，堤岸倒留下了一個薩摩藩英國留學生紀念館，記錄這段明治巨變前夜的壯舉。對明治維新歷史有興趣的人，值得花半天在紀念館仔細逛逛，逛完再在紀念館的tea house來杯英式紅茶配scone，細啖歷史的味道。

加治屋町的西鄉隆盛

薩摩藩的十九人留英團的故事的確勵志，但鹿兒島這明治人才搖籃中最負盛名的莫過於西鄉隆盛，他的大名在日本無人不識，有人稱許他是最後武士，為垂死的武士階級拋頭腦灑熱血；有人誇讚他淡泊名利，功成不居，成功打倒幕府政權建立明治政府以後沒多久就毅然離開江戶（東京）的權力中心，回到薩摩藩（鹿兒島）効力。有人頌揚西鄉對主君島津齊彬忠心，對朋友盡義，是真正熱血好男兒。

西鄉的英名不但沒有隨着一百五十年過去而褪色，人氣反而更見高漲，不管是嚴肅學術著作或普及文化都把他捧成維新英傑之首，有關他的書、影視作品多不勝數。碰上二〇一八年是明治維新一百五十周年大日子，公營NHK電視台的王牌電視長劇或「大河劇」就叫《西鄉隆盛》，電視台還隆而重之在鹿兒島市搞了一個臨時的紀念館助興。

這個臨時搭建的紀念館坐落在鹿兒島市中心加治屋町西鄉隆盛出生地附近，沿着甲突川走幾分鐘就到達。從只剩大樹和碑石的西鄉出生地往另一方向走，不到兩分鐘就是鹿兒島市維新故鄉館。真有心看明治維新的歷史而不是追星的話，這個紀念館值得花點時間走一走。

明治英傑的搖籃

西鄉隆盛出生地雖只剩下石碑和大樹，可那塊石碑不能小看，它是明治二十二年即一八九〇年立的碑，碑上列名的都是明治年間響噹噹的人物，包括陸軍大將大山巖（日俄戰爭的總司令），海軍元帥西鄉從道（西鄉隆盛弟弟），太政大臣大久保利通的弟弟大久保利和、東鄉平八郎（日俄戰爭聯合艦隊司令）……更值得一提的是，他們都是西鄉的「鄉里」，都是薩摩藩人，其中有多位就在加治屋町或鄰近村町出生，當地人自豪的把加治屋町這一帶說成是明治維新的搖籃。

根據維新館資料，除了剛才提到的人物外，來自加治屋町的還有好幾位明治重臣，日俄戰爭時的海軍大臣山本權兵衛，明治重臣井上良馨、牛島滿生、安藤然等。加治屋町方圓不過一兩公里，居然成了明治維新的人才庫，怪不得鹿兒島人把這町說成聖地一樣。

眾星之中還是西鄉隆盛最奪目耀眼，拿他當小說、漫畫、影視製作點子的固然多，有關他的野史傳聞更是不絕，有些更如天方夜譚般不可思議。其中一說指西鄉一八七七年「西南戰爭」中戰敗後並沒有像官方歷史資料所言自戕（先切腹再由下屬為他「介錯」或斬頭），而是假死再改裝逃脫，還在友人協助下避過政府軍的追捕逃往俄羅斯。

傳聞不能說全無依據，西南戰爭中西鄉率部作最後頑抗時有三百多人，但最終只找到兩百多具屍體，其他人「行方不明」、不知所踪，自然有人想到或希望西鄉的「屍首」並非本人，真身脫逃到國外隱匿。只是，西鄉既以最後武士自居，在薩

作為近代偉人及悲劇英雄，鹿兒島市有不少紀念西鄉隆盛的藝術品及碑文。

西郷君以文政十生一而二十
歳亡父馬越下于伊治屋村其實
也我輩與居同郷里得其風之
之際景仰不能自止宿上勵日
武師長成次是但設建一碑不
後之生長此郷者不敢忘後興起云
明治二十二年三月二十日建

摩藩以至江戶又已事無可為，他選擇切腹自殺的機會遠比改裝假死苟且偷生大得多。但不管如何，類似的野史傳聞為西鄉隆盛傳奇一生更添色彩，當故事聽聽也有助談興。

跟長期研究薩摩藩歷史，現在是鹿兒島尚古集成館館長的歷史學者松尾千歲先生說到這件西鄉隆盛的「野史」，松尾先生輕輕搖頭笑了一下，說聽過類似的野史故事，認為大概是「造神運動」的一部分。他又說，日本人愛煞那些不計成敗名利的「悲劇英雄」，對堅持原則但落敗的人評價向來極高。在明治維新史上，西鄉隆盛可算是頭號悲劇英雄，為推翻幕府建立全新日本立了頭功，卻為朋友、薩摩盡義而成為叛軍首領，壯烈成仁，死後還因叛軍身份進不了靖國神社，不能成為國家戰神，後人也沒得到什麼遺惠。以功過論，西鄉怎不是悲劇英雄！松尾先生說，壯志未酬的悲劇感提升了他的英雄氣概與形象，加上沒有現實政治利害的羈絆，難怪一代一代日本人都崇拜西鄉，傳誦他的故事，反而他的同鄉好友大久保利通「政星」日趨黯淡，年輕一代對他個人興趣愈來愈低，成了西鄉影子般的存在。

松尾千歲先生一九八三年在鹿兒島大學歷史系畢業，此後四十多年一直在尚古集成館研究鹿兒島歷史，特別是薩摩藩幾百年的管治包括幕末期間的重要政治作用。現在，他仍在鹿兒島大學日本文化學研究系擔任客籍教授。除了談到西鄉隆盛的軼事外，也聊到「加治屋町」以至薩摩藩為何能成為明治維新及日本開國這場重大改革的原點及推手，作用比其他藩、其他地區有過之而無不及。

內斂溫厚的松尾先生沒有直接回答這個問題，他拿出一張複製的十六世紀世界地圖，依稀能看到歐亞大陸包括日本的位置，當中印度、阿拉伯半島、中南半島大小、形態跟今天地圖差不多，菲律賓、台灣、琉球則是一堆散亂的島群，日本則只有今日九州這個島，本州、北海道不見蹤影。中國大陸方面，東南沿海形狀基本跟今天差不多，只是整個朝鮮半島不見了！總之，東北亞就像隨意勾劃那樣，跟現實相距甚遠。

據松尾先生解釋，地圖是一五八七年繪製，繪圖者是葡萄牙人。他們從故鄉伊比利安半島出海探險，繞過好望角到達阿拉伯半島、印度、東南亞及中國，除了通商、做香料貿易外還致力測量、勘探沿岸地區的形狀、水文狀態，繪畫這些地區時自然比較精準，符合事實。日本到菲律賓的島鏈他們大部分沒有親自踏足，只靠在港口聽到的情報、水手船員的描述再加想像畫出來，自然跟事實相距甚遠。至於朝鮮半島，葡萄牙商船既從未踏足，十六世紀之際又遠離主要貿易路線，葡萄牙人自

與鹿兒島尚古集成館館長松尾先生（左）合照。

然不知有這樣的地方，地圖沒有顯示實屬理所當然。

神秘的Cangoxina

地圖上刻着一個叫「Cangoxina」的地方，就在不成形的「日本列島」南方。松尾先生說，葡萄牙人地圖中指的Cangoxina就是今天的Kagoshima（鹿兒島）。這意味早在十六世紀大航海年代開始的時候，鹿兒島或薩摩藩已是國際貿易圈的一環，跟東來的西方商船有直接間接的接觸，成為西方文化進入日本列島的門戶。由此可知，鹿兒島引介西方文化的角色早在十六世紀就開始，該問的問題從來不是鹿兒島為何成為日本開化推手，而是如何成為推手。

葡萄牙人眼中的Cangoxina究竟有多重要不易說得清，但說鹿兒島處於區域貿易鏈內則是不爭的事實。打開地圖看看，現代被稱為西太平洋第一島鏈地方正是從菲律賓到台灣到琉球再到日本列島。而日本列島最南端正是九州的鹿兒島。在遠洋輪船面世以前，商船逐島航行停靠補給及貿易是必要的事。從台灣到琉球（沖繩）再到南九州的鹿兒島原是重要區域商貿航道，葡萄牙人東來正是循此貿易通道到達日本南端跟薩摩藩有接觸。其實，在葡萄牙人東來以前，鹿兒島已跟琉球、台灣、中國東南沿海地區建立起恒常貿易關係。中國、東南亞物產透過琉球轉到鹿兒島，例如沉香木、生絲，以至煮食方法如馬來亞半島的煎魚餅等，鹿兒島則輸出白銀、瓷器……等。

幕府鎖國

在十七世紀德川幕府決定鎖國以前，中國、琉球、鹿兒島的三角貿易相當興盛，還有不少中國、東南亞人在鹿兒島住下來，部分地區更建立了唐人村／町。現時鹿兒島縣內仍有不少地區留下跟中國住民有關的名字，例如霧島市的唐仁町，鹿兒島市內的唐湊，指宿市小川的唐人町等。這些村町分布地點廣泛，可見來鹿兒島經商的中國、琉球商人相當多，停留的時間也頗長。

通過這樣的交流，鹿兒島成了當時日本境內與外來文化交流最頻繁、最普遍的地方之一，也是外國文化、商品、農作物進入日本其他地方的門戶；它的作用及位置不會比同樣位於九州的長崎遜色多少。現時成為日本居酒屋美食的番薯，就是從鹿兒島傳入再輾轉在日本不同地方種植，日本人一般稱它為「薩摩芋」。

到十七世紀德川幕府鞏固了權勢，開始嚴厲執行鎖國令，禁止日本人出國也嚴格限制外國商船、商家到日本貿易。唯一讓外商包括荷蘭、中國商人上岸的是長崎的出島。但他們只能留在當地，不能離開長崎到其他地方，並且要向長崎奉行（即幕府駐當地官員）提供中國及海外的情報。

但鎖國政策並沒有打擊鹿兒島的文化、通商門戶角色，反而讓它獨佔各種好處，當中的關鍵是琉球。前面說過鹿兒島處於中國、琉球、日本三角貿易圈，而鹿兒島在鎖國時代仍保住跟琉球這個懸於東海的小島國的貿易關係，令它在文化經貿上始終有外來的養份，比其他藩國有獨特優勢。

薩摩藩的活門

自十二世紀開始掌領薩摩藩的島津家到十五六世紀透過與琉球、中國的貿易得到重大利益，自然重視與琉球的關係。到一六〇九年薩摩藩向原是明朝藩屬的琉球出兵，要求琉球王府同樣向薩摩藩及日本進貢，成為屬國。琉球國少兵弱，琉球尚氏王朝自忖大明王朝遠在幾百里海外，不會也不願出兵支援小小的琉球抵禦外侮，只好來個食兩家茶禮，既維持作為明朝屬國的朝貢禮儀，也同意向薩摩藩作朝貢之禮，並讓薩摩藩在當地派駐官員輔助。當時的島津家大概只想彰顯一下武功，確保琉球國這塊商貿肥肉在自己手上。誰知這個歷史的偶然很快就變成該藩國的一張王牌，強化了她對外貿易的位置。

事緣在「關原之戰」取勝成為幕府大將軍的德川家決定改變日本的管治體制，強化幕府對各地諸侯的控制，規定他們每年到江戶參勤，交代藩政，好讓幕府將軍對全國各藩事務、人事有清楚掌握。

更重要的措施是採取「鎖國政策」，一方面嚴禁國民出海（一改豐臣秀吉年代向外擴張的想法），另一方面則嚴限外國商船來日貿易，外國傳教士尤其嚴格禁止入境，以免影響日本階級分明上下尊卑清楚的社會關係。電影《沉默》中提到幕府政權如何打壓虐待日本天主教、基督教徒，逼他們棄教，連傳教士也不放過，正是這個鎖國政策的重要部分。

鎖國政策下唯一對外通商窗口就是向來是對朝鮮、中國貿易重鎮的長崎，但即使這唯一的「活門」也受到嚴格限制，外商、商船都得搬到長崎市町外的出島，令他們不能接觸一般日本民眾，只能與專門從事貿易、蘭學學者（荷蘭學或西方知識）、官員接觸，令外來文化影響減至最低水平。對向來倚重外來貿易的薩摩藩來說，德川幕府鎖國政策本來形同截斷她的財路，打擊她的南大門地位。但島津家當年無心插柳出兵琉球把她變成向日、清（明）雙重朝貢的屬國卻化解了這個困局。

首先，德川幕府在第三代將軍德川家光掌政時確認了薩摩藩支配琉球的地位，還把琉球國十二萬三千石的領地劃為薩摩藩主的封土。其後再經多番商議，德川幕府同意琉球王國可以用朝貢貿易的方式每兩年一次到江戶朝貢，並進行貿易。按照這樣的安排，琉球便成為薩摩藩對外的活門，讓藩主島津氏有自己的門戶、途徑保持對外貿易，賺取額外利益（包括將貿易經鹿兒島轉售到日本其他地方圖利），減少德川幕府鎖國政策的影響。薩摩藩後來能成為推動維新的雄藩，這方面的財力甚為重要。

同樣要緊的是，島津家因此有了自家的外國情報收集網，可透過駐琉球的官員了解中國、西方列強的情勢，也有吸收西方知識的渠道，不必依賴長崎這個欽定商港。在十七八世紀西方列強尚未大舉東來的時候，鹿兒島這方面的優點還未展現，到十九世紀初英法等強國先後大力擴展在遠東勢力，琉球這道活門變得不可或缺。

地緣政治不僅決定了鹿兒島的歷史走向，也影響了鹿兒島人包括它的管治者島津氏的選擇。尚古集成館館長松尾千歲先生說，擁有外來文化活門的薩摩藩產生了兩個有「蘭癖」(喜好西學)的領主：島津重豪及島津齊彬，這絕不是偶然的。

薩摩的蘭癖藩主

鹿兒島(薩摩藩)的風土、地緣孕育了西鄉隆盛這樣的漢子，也造就了兩位仰慕及致力推動西化的領袖，他們就是被形容為蘭癖的薩摩藩二十五代藩主島津重豪及他的曾孫二十八代藩主島津齊彬。島津重豪從十八世紀末到十九世紀三十年代主掌藩政，大力從琉球及中國、西洋引入各種文化、商品，努力學習漢語、中國傳統史籍及最新的世界知識。從島津重豪招待賓客的筵席就可以清楚看到他如何受外來文化影響，在筵席中除了有燕窩、魚翅、金華火腿等中國來的名貴菜式外，也有葡萄牙人傳過來的「蛋糕」作甜品。

飲食還只是「配菜」，島津重豪對外來知識的投入包括學習以拉丁拼音標註日本詩歌，編製世界地圖或《萬國地海全圖》；他還在藩校創設天文館，以觀測星體及天文現象，這些在當時向內望及鎖國的日本甚為罕見。

從廿一世紀回望，島津重豪的西化努力只能算是皮相中的皮相，沒有真正觸及外國文化的核心；並且主要停留在個人興趣，沒有化為薩摩藩的根本政策，更沒有推而廣之嘗試影響其他藩以至幕府施政。當然，那個時候西方列強在遠東才剛露臉，未開始大舉建立殖民地及勢力範圍。以大英帝國為例，她剛剛結束與法國的幾十年全面對抗，在美洲、加勒比海等地達成瓜分不同地盤的諒解，開始把目光轉向遠東這一端。作為英皇喬治三世特使的馬喀爾尼（George Macartney）才剛到中國覲見乾隆皇，希望打開貿易之門，大陸以外的日本列島還不是列強的獵物。

荷蘭船長帶來的《荷蘭風說書》並沒有提到什麼警號，中英鴉片戰爭則在十年後才爆發，蘭癖再嚴重的島津重豪也不會有那種要急速西化的迫切感，當成了解世情的另一個視點及個人興趣實在自然不過。

島津重豪逝世近二十年後上場的二十八代藩主島津齊彬的蘭癖比他的曾祖父有過之而無不及，未當藩主以前已對荷蘭文翻譯的書籍很有興趣，經常研究世界地圖、海圖等。作為薩摩藩繼承人的他對西方在亞洲的足跡、行動更是非常關注。一八四二年清朝在鴉片戰爭敗於英國，要割讓香港、賠款及被迫開放五個通商口岸對他的衝擊甚大，他還因此留下書箋，指亞洲最強的中國在西歐島國巨艦大炮下「完敗」，日人（日本）該好好汲取教訓，明白西方科學技術及軍備的優越及吸納這些科技必要性。

島津齊彬有這樣的認知倒不完全因為個人對西學或蘭學向來有興趣，更重要的是西方的炮艦政策自十九世紀三十年代開始已全面在亞洲展開，英國炮艦、商船固然頻繁在東南亞、中國、台灣四處活動。薩摩藩屬下的琉球同樣不斷有西方船隻入港要求通商及補給。作為琉球宗主國之一的薩摩藩藩主已不可能對西方壓力視而不見，必須認真考慮對策。

一八五一年島津齊彬正式成為藩主，開始把學習西方科學技術、軍事技術定為薩摩藩應對西方挑戰的主要策略，並希望不僅薩摩藩這樣做，而是由幕府政權帶領全國朝這方向邁進。到他當上藩主第三年（一八五三年），日本全國面對前所未有的震撼及直接威脅，那就是日本現代史最著名的黑船來航事件，美國海軍將領培里率領軍艦硬闖江戶灣，要求與日本官員直接商議通商條約，讓美國商船可以依靠日本港口補給及進行貿易。

培里第一回到浦賀只是展示一下實力及蒸汽船的厲害，沒有採取實質軍事行動，但威懾的意圖明顯，並已預告明年春天捲土重來，期望得到滿意的答覆。在江戶的德川幕府及家臣正手忙腳亂考慮應對挑戰，包括爭取天皇及實力強大外藩不再攘夷，開國與西方打交道。島津齊彬則看準這是加快幕府政權改革機遇，可以借西方壓力讓原來雄藩割據的日本走向現代化國家，再集全國之力走西化之路以免成為西方的殖民地。

日本第一個科技園區

此後幾年，島津齊彬積極在薩摩藩境內革新，加強軍備外又帶頭學習西方技術，先在薩摩藩錦江灣西岸設置炮台，換上較新式大炮以應付可能硬闖薩摩藩的西方軍艦；在藩內搞試點學習，實驗西方的工業、軍事技術，其中最重要、最著名的就是把自己別邸（別苑）仙巖園旁邊的一大片土地變成類似現代科技園般的工廠地帶。在沒有聘請外籍專家協助下，日本工匠自行按西方書籍、圖樣仿造西式的煉鐵廠、紡織廠、炮彈廠，希望不靠外力追上西方技術水平。只是，西方科技理論與技術並行，單靠書本知識不易突破。薩摩藩建造的第一座煉鐵鍋爐就因地基不固而坍塌。

試驗失敗沒有動搖齊彬的決心，依然投入大量人力物力希望在薩摩境內打造現代化的工業、軍事工業基地，作為日本現代化的第一步。在明治初期，這個科技園區是日本本土最重要的軍工廠，生產槍械子彈，西南戰爭期間明治政府軍進攻西鄉隆盛時，其中一個主要目標就是這個工業區。後來明治政府把東京變成政治經濟中心，按全國軍事布局（鎮或軍區）建立軍工廠、船廠及其他工廠，鹿兒島工廠群才逐步失色。

島津齊彬奠下的科技園建築群及留下的機器後來命名為「集成館」，成為薩摩藩推動日本現代化的標記，到二〇一五年集成館被聯合國教科文組織列為世界文化遺產，認同這個「明治日本產業革命的遺產」，是非西方社會工業革命唯一的成功事跡。

現在到集成館參觀，看到那些碩大無朋的紡織機、老舊的彈藥時大概不會覺得有什麼特別，甚至可能覺得沒有什麼看頭。可在十九世紀中葉日本尚未開國，蒸汽機、煉鋼鐵的鍋爐、紡織機對絕大部分人仍是傳說中的物事時，島津齊彬居然在薩摩藩靠日本自身力量搞出一個工業、科技園，他不但比同代日本政治領袖看得遠、走得遠，也反映日本工匠的學習能力與技術水平。明治維新決定全盤西化後，日本能迅速吸收西方工業技術，把它們本土化再建立自身產業，鹿兒島仙巖園遺址可見端倪。

位於鹿兒島仙巖園入口的尚古集成館。

除了搞西化實驗、辦實業外，島津齊彬在政治上抱負不少。雖身為全日本第二大雄藩藩主，島津齊彬知道不可能靠薩摩一藩之力應付巨變，必須集全國全力來個全盤改革。一八五八年五月，他以薩摩藩當主的名義向幕府提交改革幕政建白書（建議書），指出原來的幕府封建體制令日本實質上化成多個獨立的政治實體，難以集合全國意志與實力應付未來的強敵。因此，幕府將軍該改變全國管治模式，讓各外樣大名參與幕政，從而讓重要權力、資源集中到政治中樞，舉全國之力應對危機。

而在政策上，他反對再搞什麼鎖國、攘夷，改為大開門戶引進西洋先進技術及軍備，強大國防力量，打造現代化工業體制，改善社會基礎設施提升民眾生活等。當時不過黑船來航後五年，日本未受到兵災考驗，攘夷思維仍深入政治精英（包括孝明天皇）心底，島津齊彬的建議書算是破格，也超越以至違反薩摩藩自身利益。

說建議違背自身利益並沒誇大，幕政改革權歸中樞的話，各藩主包括島津家在薩摩藩的主導權將被削弱。事實上後來明治維新的政治改革跟齊彬的建議相近，包括建立中央政府，落實廢藩置縣政策，此後藩主或大名變身華族（貴族），成為參議院或政府一員；地方大部分權力則由中央政府接收。換言之，齊彬的建議其實是在加快薩摩及其他藩國的消亡。

歷史總愛開人的玩笑，就在島津齊彬不惜冒其他藩主的猜疑提交改革建議書，準備大力參與幕政改革之際，他突然急病身故，壯志未酬，未能搭上維新快車，無法直接參與幕末到明治的巨變。不過，跟他及薩摩藩密切相關的人物倒一一成為巨變要角。齊彬的養女篤姬就是江戶無血開城，明治維新沒有變成全面內戰的幕後功臣。齊彬手下武士更有多位明治維新重臣：大久保利通身居內務卿、太政大臣，明治年代建立中央政府，廢藩置縣，建立西式教育體系等都與他有關。軍隊高層則有大山巖、東鄉平八郎、西鄉從道等。當然還有悲劇英雄西鄉隆盛，正是他統率新政府軍大破佐幕軍，才讓明治新政府迅速統一全國軍權、政權。

今天的鹿兒島是日本眾多中型城市之一，人氣比不上東京、大阪、京都等名城。但只要認真在鹿兒島走走，仔細看看黑船來航至明治時代的七八十年間留下的文物、遺址、歷史紀錄，就能明白鹿兒島為何能在明治前後執日本政經軍事發展牛耳，成為日本現代化的人才庫及推手。想了解明治巨變及由此而來的日本奇蹟，鹿兒島是最好的起步點。

第三章

北海道：開拓新邊疆——少年人，要胸懷大志

第三章

北海道：開拓新邊疆——少年人，要胸懷大志

一個半世紀前的明治維新毫無疑問是場翻天覆地的巨變，改寫了日本的國運，顛覆了亞洲以至全球政經秩序，扭轉了一代又一代人的命運，連向來在歷史巨流中置身事外的寒冷海島也極速改頭換面。海島的名字叫北海道。這一章說的正是北海道開拓的故事。

把津輕海峽北岸的海島稱為北海道是明治三年八月的事。在幕府時代或以前，日本人把海島叫作「蝦夷地」，是蝦夷人或愛奴人（原住民）居住漁獵的地方，幕府時代由松前藩名義上掌控全島，壟斷與愛奴人的貿易，實際上松前藩主要控制南部箱館（函館）一帶地方。十八世紀後期俄羅斯帝國在遠東出現，開始登上、佔領庫頁島等亞洲東北角無主小島（只有人口稀少的

漁獵部落），逼近蝦夷地。美國黑船來航幕府被迫開國，蝦夷地的箱館成為第一批開放的港口，平靜的海島開始起波瀾，島上地貌人事開始快速改變。

真正的巨變則在明治維新以後。畢竟明治不單是日本打開國門的過程，也是日本重新建國成現代化國家的巨變，北海道這幅未開發的處女地就成了日本國的新邊疆，也是新政府規劃未來發展的重心。明治政府幾乎一成立就把開拓北海道視為維新大業的重要部分，他們並決定向開闢新邊疆經驗豐富的美國取經，以重金禮聘美國專家到北海道出謀獻策，在海島留下了不同的產業事業，一些美國風情，還有一個個故事。

少年人，要胸懷大志

故事可以從距札幌JR站約十二公里一處叫「羊之丘展望台」的旅遊景點起步。羊之丘顧名思義是個小丘，主要的賣點有兩個，其一是可以居高俯瞰札幌市全景，天氣好的時候北海道最大城市的風貌盡入眼簾，還可看到幌尻岳。其二是有一個美國人威廉・克拉克（William Smith Clark）的銅像和他留下的一句話：「Boys, be

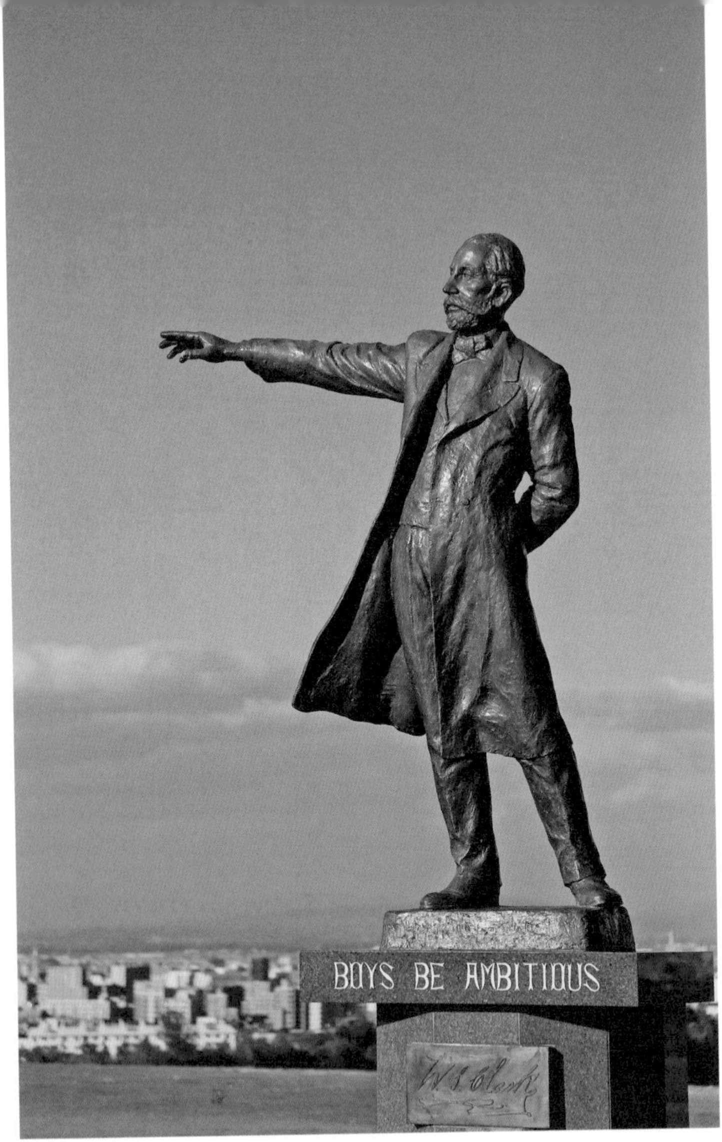
BOYS BE AMBITIOUS
W. S. Clark

羊之丘展望台上的克拉克銅像。

ambitious」，不少日本國內旅行團有專門行程到這裏來，還要跟克拉克的銅像合拍團體照。

克拉克正是來北海道的美國顧問之一。他跟海島的緣份是由兩個薩摩藩重要人物牽上的。明治二年新政府開始積極經營被稱為蝦夷地的北海道，並任命開拓使全權負責推動北海道的發展，落實殖產興業政策。負責推動的是已晉身明治政府權力中樞的薩摩名士大久保利通，他其後任命同樣來自薩摩的黑田清隆出任開拓次官，實質執行殖產興業計劃。新政府並決定從明治五年到十五年的十年內在北海道共投入一千萬円作為開發的經費，投資額是過往的五倍以上。以財力緊絀的明治政府（歲入不過數千萬円左右），投入的資金算是龐大，若以現時的幣值，大概相當於數千億日圓。

黑田清隆成為主導開發北海道的人物跟他的政治歷練有關。在一八六八年即幕末與明治權力交接的動盪時刻，黑田清隆正是負責討伐敗走北海道的幕府殘餘勢力的司令官。

先說一下這場幕末「好戲」。一八六八年幕府末代將軍德川慶喜兵敗，接受幕府體制結束王政復古的安排，西鄉隆盛指揮的討幕軍兵臨江戶城，最終雙方同意「無血開城」，德川家交出權力及江戶城，退到駿府（靜岡縣），但部分幕府家臣及海軍將領不接受有關安排，幕府海軍副總裁榎本釜次郎（武揚）率八艘軍艦出航到蝦夷地希望另建幕府基地，反抗新政府。

他們佔領箱館後一度宣布成立共和國，還效法美國用投票方式選出官吏（只限武士有權投票）。黑田清隆是明治新政府軍參謀，負責追擊榎本等叛將，不到九個月，這個四不像的武士共和國崩潰，榎本武揚兵敗被捕入獄。不過，榎本入獄才三年就被釋放，還得到黑田清隆賞識成為四等開拓使，負責巡檢北海道的礦山。

黑田清隆正式就任開拓次官前已決定以美國開拓西部的經驗作為北海道開拓的藍本。上任後親自到美國聘任農業專家及顧問，大手購置開拓所需的機械及工具。美國總統格蘭（Ulysses Grant，即美國內戰時北軍總司令）對黑田甚為支持，推薦曾任農業部長的卡普倫（Horace Capron）當黑田清隆的顧問，協助黑田聘用相關專家及技術人員。

卡普倫於明治四年（一八七一年）七月到任，到明治八年才回國。卡普倫引薦的其中一個重要人選是麻省農業學院教授克拉克（也就是成為羊之丘瞭望台上銅像的那個人）。他們兩個人成為推動北海道發展包括農副產業、礦業的火車頭。

黑田清隆（網絡圖片）

威廉・史密夫・克拉克
William Smith Clark（網絡圖片）

卡普倫在日本及北海道留駐四年，協助開拓使黑田清隆設立實驗農場，引入小麥、黑麥的種植，探查及開發礦產，改良水道，修築道路等。美式大型農場正是在他的建議下在北海道遍地開花的，札幌市採用美國式分區及垂直式街道設計也是卡普倫的功勞。

隨着小麥開始廣泛種植，卡普倫把美國東岸釀啤酒的做法在北海道照辦煮碗。其後札幌成為日本釀造麥酒或啤酒的先鋒，創立到現在仍非常風行的Sapporo啤酒跟卡普倫及黑田清隆有密切關係。不過，卡普倫薪酬不菲，日本政府給他的顧問費高達一萬美元，還提供來回日本的旅費。這個數額比他在美國政府當官要高出十倍以上。卡普倫的禮遇還包括先後三次覲見日皇，並得到明治天皇頒授「二等旭日勳章」。

另一個關鍵人物克拉克原是麻省農業學院教授，受卡普倫推薦到日本當顧問，主力協助黑田清隆建立以現代農業科學為主的札幌農業學院，並成為首任校長（因為日語與英語的翻譯問題，他的職稱在日文語境常被稱為副校長）。從一八七六年到一八七七年克拉克博士花了八個月時間在北海道籌辦這所日本現代農業學院（後來成為北海道大學）。據克拉克自己的說法，他在大洋彼岸建立了另一所麻省農業學院。克拉克留在北海道的時間不算長，但深得開拓使黑田清隆的信任，涉及北海道發展的大小事黑田都會諮詢克拉克的意見，令他在北海道的開拓殖民事業中的影響遠不止在教育上，例如如何訓練屯田兵、改革漁業、發展農業科學等等。

當然，克拉克最大、最持久的成就還在於留下了一所現代農業學院，為日本訓練本土農業專才，不需長時間依賴外國大學的訓練。不單在學業上影響日本學生及職員，克拉克還把基督教教義及倫理融入日常的教學中，令他跟學校師生建立起緊密的個人關係。據相關歷史資料，一八七七年四月十六日克拉克離開北海道返國，大批師生騎馬為他送行，依依不捨一起走了二十一公里。告別的時候，克拉克大聲向學生拋下一句話：「Boys, be ambitious（少年人，要胸懷大志！）」據說不同學生聽到輕微不同的版本，有人聽到「Boys, be ambitious, like this old man（少年人，要像這老傢伙般胸懷大志啊！）」

克拉克的一句「Boys, be ambitious」成為明治日本現代化的重要口號。

現在，這句話已刻在他的銅像旁的石匾，而北海道則變成了日本的糧倉，生產各種優質的小麥、稻米、肉類、蔬菜，還有完善方便的道路系統，跟克拉克一百四十多年前踏足北海道時已是截然不同的兩個世界。

北海道的囚人之路

北海道的拓殖與開發有美好、振奮人心的一面，有激勵一代代年輕人的「豪言壯語」，但正如絕大部分歷史事件那樣，拓殖的過程也有陰暗、創痛的一面。從羊之丘瞭望台向東北方開五小時車，走過三百多公里路到一個叫網走的小城就能看到這一面。

網走不是個多大的市鎮，北臨鄂霍次克海，人口不過四千，原本的市街就像很多日本小鎮購物街那樣有點破落，新購物區改在原來市街一公里外的小丘上，有吃烤肉、拉麵的店，有大型連鎖服裝店，有巨型超市，日常購物、飲食算是方便；不過，大概不會有什麼旅客為了要購物來網走。每年二三月從北極圈飄到鄂霍次克海的流冰是網走觀光熱點，特意來坐破冰船出海觀看壯觀流冰奇景的遊客不少，碼頭

網走區裁判所的舊建築物保留了當時法庭、詢問室與拘留室的樣貌與擺設。

一帶會擠滿遊人和大型旅遊車。流冰季節一過，網走又變回一個萬日如常的海邊寧靜小鎮。

其實，網走的旅遊攻略一般還有另一個必遊熱點，就是「網走監獄博物館」。拿監獄當旅遊景點的城市不僅有網走，三藩市海灣對開的「惡魔島」阿爾卡特拉斯島（Alcatraz Island）就是另一著名例子，監獄還當過多齣電影的「舞台」，例由如辛康納利、尼古拉斯基治主演的《石破天驚》（*The Rock*）。網走監獄不像惡魔島般舉世聞名，但在當地以至北海道開拓有它的重要地位，網走民眾、有心人還因此成立了保存網走監獄的財團法人，把原址變成博物館，保存網走監獄、囚犯在北海道開拓過程中的故事。

明治開國後銳意開拓北海道，盡力增加政府投資，引入外國專家及技術，但明治年代的日本

網走監獄博物館外的囚犯像。

是個窮國，不可能年復一年撥出大筆經費開發北海道的農業、道路網與鐵路，必須找其他辦法把人力物力等輸向北海道，協助發展。以經濟產值看，當時的北海道可算一窮二白，除了函館一帶有日本人（和民）聚居點外，其他地方都是未開發的荒野及原住民（愛奴人）的漁獵地區，人力資源、基建、資金樣樣欠缺。

為了解決北海道開拓初期的左支右絀情況，官員們起先想到的是鼓勵日本本島內貧民、貧窮村落居民集體移居北海道。由政府提供一點點現金補助加上寬鬆土地分配政策，鼓勵各地農民遷移到地廣人稀的「新邊疆」。其中明治五六年北移的人最多，明治五年達到一萬四千人，明治六年則是一萬一千多人。

沒多久明治政府就發現以貧民移居帶動發展的效率太低，速度太慢，而且不能配合官方主導發展新產業的方向。按開拓次官黑田清隆的說法：「組織移居身無分文之貧民數千人，經營自主之產怎樣都是件非常困難之事。」簡單來說是這些移民沒帶來技術、資金，又沒有能力協助防衛國土應付俄羅斯帝國的威脅。到明治七年七月政府正式廢止移民扶助計劃及補貼。為了填補人力，他們想到了另外一些「勞動力」，那就是屯田兵（特別是因廢藩置縣而失去土地的士族與武士），還有囚犯。

屯田兵及移居士族大部分是戊辰戰爭（即討幕戰爭）的失敗者，他們原是支持德川幕府的藩國武士，明治政府建立後他們成為敗兵游勇，被裁削的俸祿最多，原本屬於藩國的家臣、武士生活無以為繼，即使沒有被追究罪責也難在明治政府核心包括軍隊內擔當重要位置，這批人特別是來自本州東北部如福島（會津藩）地區的武士、士族就成為派駐北海道的屯田兵。他們一方面作為邊境防衛最前線的部隊，另一方面則協助開墾農地，建造道路，把原本零散各處的聚落連結起來，也讓和族的力量深入到北海道一些原本無人居住之地。

最重要的是，屯田兵要務農開墾，按開拓使的農業試驗計劃包括農業學院研發的成果在北海道各地推廣，力求在糧食上、生活上可自給自足，不必動用國庫的資源，是十分實用的人力資源。

還有一些意想不到的人力資源，那就是囚犯。在偏遠地方興建監獄羈押囚犯特別是重犯是很多國家都會採取的做法，這樣做既可騰出本土珍貴空間，也可以成為開拓、控制邊地的補充力量。十八世紀英國政府把大量囚犯送到剛成為殖民地的澳洲就是最好例子，日本明治政府的想法也差不多。隨着開拓北海道步伐加快，明治政府陸續在札幌、旭川、釧路、網走設立監獄及分監，收容從本州各地遷來的重犯，其中網走分監在明治二十三年（一八九〇年）成立，並以農場監獄的模式運作，

●囚徒百八十六人死す

北海道北見國網走石狩國上川道路開鑿に使役したる北海道集治監網走分監拘禁囚地方水腫病に罹り客年十二月廿七日まで出役囚千百十五人に對し患者九百十四人の多きに及ひ同死亡百八十六人未治六十一人餘は全治なり右は驚くへき劇症なりしも病勢漸次衰へ目下平常に復したりと去月廿日附を以て其筋へ報告ありたり

按文件記載，明治政府在開荒時共徵用四千多名囚犯興建道路，當中九百餘人患病、一百八十六人死亡；血肉長城，就是如此。

即囚犯要在農場勞動耕種，以達成日用食物自給自足的基本目標。其後網走監獄在不斷開墾農地後成為日本第一大農場監獄，農產品收穫量全日本最高，並有剩餘可以供應其他監獄的需要。

不過，網走監獄成立後首批囚犯面對的任務還不是開墾農地，而是作為苦工開闢從網走到旭川的北海道中央道路的其中一段幾十公里道路（從網走到北見）。一八九一年即網走監獄成立第二年，明治政府下達命令要在幾個月時間內開通這段中央道路（後來成為國道39號其中一段），而主要勞動力就落在網走一千一百五十名囚犯身上。

網走監獄博物館把這段開荒的歷史保存的很仔細，囚犯們做苦工時的衣着，穿的斗笠，身上繫的鐵鏈，在工地生活的困難條件一一保存下來，有興趣多了解的遊客還可實際穿上斗笠及試挑他們的擔挑。網走監獄博物館中央部分有個歷史館，展示中央道路開鑿工程的種種歷史文物，

博物館內的展品圖文並茂，說明當年一眾階下囚在北海道充當免費勞動力，為日本現代化做出貢獻。

還製作了一段還原當年苦工的片段及錄音，重現當年囚犯如何在三餐不繼，營養不良的情況下還要在苦寒的北海道東北部日以繼夜趕工。

根據片段，負責看管他們的獄警跟他們說，要一鼓作氣完成工程，在未開通道路以前所有人包括獄警及監督都要留在工地，不能回到網走監獄。即使因飢餓、生病而變得虛弱無力，獄警也不會把他們送回監獄或醫院，只能繼續留下來，繼續用挑擔把開路的泥石搬走。獄警還跟他們說，若果他們倒下，工作量將由其他囚犯分擔，意味苦工的時間更長，工作量更大。

開山築路絕不是容易的事，當年沒有什麼重型器械幫忙，有的只是人力，囚犯們只能用手上簡單的工具如鋤頭、挑擔一點一點的開築這段長長的新國道。

從明治二十四年（一八九一年）四月開展工程，同年十二月囚徒們果然按計劃完工，但這次以「人海戰術」及強制勞動為核心的工程造成重大死傷，在一千一百多名參與道路工程的囚犯中，共有二百一十二人因病、飢餓、營養不良而死，即每六個人就有一個人回不了網走監獄，埋骨於路上。後來不少人及書把這段由網走通到北見的新國道稱為「囚人道路」甚或是「死亡之路」。

香港遊客要看明白網走監獄的歷史包括這條囚人道路的故事不會有什麼問題，博物館文字資料有繁體字版本，主要的片段、資料介紹包括囚人道路故事都有廣東話旁白。廣東話旁白個別字讀來有點不自然，但整體算順暢流利，很容易聽明白，也分外有親切感。誰能想到遠在北海道東北部邊陲的博物館還可以聽到日本人用廣東話介紹歷史！

從蝦夷地到北海道

北海道的開拓讓日本有了新邊疆，也令海島從此跟現實政治糾纏不清，到今天還餘波未了；原來海島的住民則交上令人嘆息的噩運。要了解這故事得到根室走一趟。

從鄂霍次克海的網走出發到北海道最東端的根室市，最直接的方法是走國道244號，經清水町、標津町、別海町再到根室。從標津町開始，244號國道便沿着海岸線前進，旁邊就是一望無際的太平洋，不趕路慢慢走的話，實在是相當愜意的自駕遊路線。

駛過標津町後，國道上每隔幾公里左右就會有一些標語、瞭望塔或紀念碑，仔細看都寫着北方四島返還的大字。車愈接近根室市，這樣的標記愈來愈多。到達根室市區，JR站前的大道就建了個偌大的拱門，刻着北方四島返還的訴求，幾乎可說是這個小城的地標。

從根室市中心拱門再走二十多公里就是納沙布岬，這裏是日本列島的最東端。在這個風颳得呼呼響的天涯海角，最顯眼的是各種各樣的碑石、祈願石，還有偌大的石製拱門，拱門旁邊是兩所北方四島的資料館及博物館。旅遊資料說納沙布岬有幾家海邊食堂提供海產美食如螃蟹料理，還有些賣伴手禮、紀念品的小店。

踏足這海角天涯發現紀念品小店處於半停業狀態；而食堂則只剩一家，料理倒真是美味。才剛坐下老闆娘就端上熱騰騰的螃蟹味噌湯。湯絕不是小里小氣的只有

納沙布岬位於日本列島最東端。

小半碗，而是滿滿的一大碗，還有大量昆布和蟹腳。慢慢喝上一口，被極地寒風吹得有點倉皇的身子登時從胃袋開始暖起來，沒多久四肢百骸都暖呼呼，渾忘外頭的風霜。點餐後禁不住問老闆娘可否再來一碗湯，她「喺」了一聲，很快就端來另一碗熱騰騰的螃蟹味噌湯，那份殷勤真是沒話說。

特意來納沙布岬的旅客當然不是為了喝螃蟹味噌湯，而是為了親眼看看二戰以後落在俄羅斯（前蘇聯）手上的北方四島：齒舞、擇捉、國後、色丹島。齒舞群島中的貝殼島與納沙布岬相距不過三點七公里，天氣好的時候用肉眼就能看到；若果用上北方四島資料館的望遠鏡，貝殼島的地貌更是清晰可見。

根據日本官方資料，德川幕府一八五五年跟俄羅斯帝國在下田市簽訂通商友好條約，把鄰近北海道的南千島群島包括北方四島劃歸日本，庫頁島（日本稱為樺太）則沒有列明歸屬，由西伯利亞區原住民與阿努伊人（愛奴人）混居。一八七五年明治政府再與俄羅斯政府簽訂條約，日方完全放棄庫頁島，俄方則放棄北千島群島的擁有權。到一九〇五年日俄戰爭以日方險勝作結，雙方簽訂《樸茨茅夫條約》（*Treaty of Portsmouth*），俄國同意割讓北緯五十度以南的庫頁島予日本。

二次大戰蘇聯在最後階段參戰，除了開入中國東北攻擊日本關東軍外，也向千

蘇聯在第二次世界大戰末期決定參加攻略日本並奪走北方四島，成為今天日俄兩國在領土問題上的重大分歧。（網絡圖片）

島群島進發，在八月最後兩個星期即日本宣布接受《波茨坦宣言》無條件投降後派軍隊逐島佔領。八月三十日佔領最接近北海道的齒舞群島。當時管理四島的根室町町長緊急向盟軍最高司令部求助，要求停止佔領。但是時日軍潰敗，蘇聯兵鋒正盛，美國又不願得失重要盟友下，根本沒有誰能擋住蘇軍（假若蘇軍開進北海道只怕情況更不堪設想）。

接着蘇聯政府強行驅逐原本在四島居住的一萬七千多日本人到北海道（大部分滯留在根室），開始駐紮軍隊及軍屬，又設立海警巡邏隊，阻止日本漁民再到該處水域捕魚。從此時開始，北方四島就由蘇聯（後由俄羅斯）實質佔領，並成為日本政府、北海道道府、根室市政府七十多年來志切解決但仍找不到頭緒的難題，特別是俄羅斯自

指示板上描畫着北方四島的所在地，但四島歸還日本之日依然遙遙無期。

二〇〇〇年開始由強人普京管治，再次成為有力影響世局的大國，她更沒有理由因為投資或地緣政治原因歸還四島。

到現在，國道244號上的北方四島返還標語、瞭望塔已有不少開始褪色，當年從四島被驅逐的居民已花落凋零，最年輕的也在八十歲上下，他們大概不大可能看到四島返還的一天。幸好日俄政府在九十年代初達成協議，容許日本民眾以旅行團形式到訪四島，原來的四島居民至少有機會重踏小島追思舊貌，掃掃墓。

北方四島問題其實除了今生還有前世，它不僅是二戰末期的版圖變動以至俄羅斯巧取豪奪，更遠的源頭還在於明治維新這令日本列島改頭換面的巨大歷史轉變。還記得之前提到的北海道拓殖興產計劃嗎？明治政府高層特別是開拓使黑田清隆想到的除了把這片土地變成新興產業的實驗室，壯大日本的經濟實力外，同樣重要的是要應付「北極熊」俄羅斯的威脅，不管是派出大量屯田兵，全速開拓貫通全島道路，想的都是加強防衛，避免俄羅斯南下威脅日本本島。

為了鞏固北海道的防務，日本政府進一步鼓勵民眾遷居到北海道附近的外島，包括北方四島。沒有明治維新開發北海道的大計，沒有殖民四島的計劃，千島群島包括北方四島根本不會有日本人或和族居住。

追本溯源，這些苦寒得鳥不下蛋的小島本來是「阿伊努人」或愛奴人的漁場與獵場，是他們自古以來的家園。北方四島、千島群島以至北海道第一波大規模逼遷事件的受害人其實並不是那一萬七千多日本民眾，而是數目不明的愛奴人。

根據零碎的歷史及考古資料，愛奴人早在公元十世紀或以前就在日本列島北端包括本州北部（青森、宮城）、北海道、千島群島一帶活動，過着漁獵部落生活。其後數百年以農業為主的日本和族人數不斷增加，開始蠶食愛奴人的漁場、獵場，把它們變為耕地，因此引發幾次重要衝突，結果愛奴人節節敗退，先在本州絕跡退到北海道。到德川幕府年代，松前藩開始經營北海道南部「箱館」（函館）一帶，負責監察蝦夷地（北海道），愛奴部落只能退到道央、釧路、阿寒岳一帶以及北方四島。

愛奴族真正沒頂的大變來自明治維新。明治政府既決定拓殖北海道，大興土木之餘更要把整個島納入明治日本這個現代國家，德川幕府時代有限管理、部落自治方式很快就被放棄。首先做的是廢除以往愛奴部落酋長的特別待遇及行政職務，改由開拓使任命的「國人通辭」直接管理原來屬於愛奴人的獵場漁場。

最厲害或最無可挽回的措施，是把私有地權強加在愛奴人身上及與此相連的同化政策。像愛奴人這些部落漁獵民族仍處於原始公社制度，沒有私有產權概念，也沒有私產的需要，整個部落靠山吃山靠水吃水再按需分配，不必像農民般劃定誰擁有那塊土地、那種農具。明治政府引入私有制又開放和族到北方開拓後，愛奴人的漁場、獵場一一消失，變成別人的漁場、農地，幸運的還可以低價把原屬於自己或自己部落的土地賤價出售，更多的人糊裏糊塗就成為新社會的「遊魂野鬼」，不能再漁獵過活，不知落戶何處；再加上北來拓殖的日本民眾、屯田兵帶來了原來北海道沒有的病毒、傳染病（不管在澳洲、北美、南美病毒對原住民的殺傷力比任何槍炮都大得多），愛奴人在明治新政來臨後大概可以用「貧病交逼」四個字形容，人口數目因而銳減。

這些只是是愛奴人噩夢的一部分，他們還得面對同化及歷久不散的社會、政治歧視。明治十一年（一八七八年）政府頒布愛奴人在戶籍上與日本民眾平等的法令，

愛奴人的文化習俗，在現代日本已幾成絕響。

承認他們有職業、遷徙的自由，有成為和民的權利。自此，政府開始大力取締愛奴人語言，強制兒童入學及學習日本語，愛奴人的禮儀宗教被禁，也不准再舉行部落的祭祀或節慶活動，以示日本是個單一民族國家。

可對向來執着彼我之分，重視鄉土血緣關係的日本社會而言，愛奴人完全是異類，一般民眾根本難以接納他們，又或視同非人的「穢多」，政府所謂給他們遷徙與就業自由根本形同一紙虛文，愛奴人事實上哪兒都去不了，什麼工作都找不到。

最虛偽的是明治政府一邊說愛奴人的戶籍跟日本人一樣，是日本國的國民，但在官方文件、發言中卻毫不修飾的公然歧視。譬如在戶籍簿內，愛奴人仍會被區分為「舊土人」，成為不能磨滅的印記。這一點跟同一時間被納入為日本領土的琉球（沖繩）有點類似。一八七九年負責琉球處分廢藩置縣的官員對不願融入日本的琉球人發出這樣的警告：「於新縣之爾等將成為無法得到任用之人，百職皆由內地人所取，遂至此地土人連一人之就職亦不可得，自受社會之侮慢，殆有別一般，乃至於恰如亞米利加（American）之土人，北海道之愛奴等樣貌之地步。而此乃爾等自招所至也。」由這樣的言論清晰可見，愛奴人從來沒有被當成和民族的一員。

自大規模同化及被賦予各種似有還無的權利與自由後，愛奴人的後代開始用盡各種方法掩藏自己的身份血緣，避過或減少被歧視的機會；愛奴村落在大開發中則被拆毀，愛奴人自己也不願再聚在一起以免集體被孤立。在政府刻意取締下，能說愛奴語的人數目急速衰退。

另一方面，日本政治精英對愛奴人的悲慘命運長期採取迴避或拒不承認態度，到近代也沒甚改變。愛奴族有代表一九九二年到聯合國申訴他們的種族瀕危命運，但日本官方拒絕認同，強調日本是單一民族國，沒有少數民族問題，並繼續保留《北海道舊土人保護法》這充滿歧視味道的法律，始終不肯承認愛奴人原住民的身份。

直到二〇〇六年，日本國會才正式通過將愛奴人定為日本原住民族，但仍沒有賦予他們爭取賠償的權利。不過，大約從這個時間點前後開始，愛奴文化成為振興北海道觀光的新環節，北海道不同城市相繼推出相關的民俗文化村及保留區，其中一個較具規模的是阿寒湖畔的文化村。只是，村中的草屋都是政府撥款重建作為旅遊資源，原本的部落草屋群早已灰飛湮滅。儘管如此，「重建」的愛奴文化村算是為他們的傳統文化留下了標本，不致像從未在世上出現般灰飛煙滅。

按維基百科資料，二〇〇七年據說還有一萬五千人具有愛奴人血統或宣稱具有血統，數目與明治五年時的統計差不多，但當中只有十人使用愛奴語為母語，而他們的年齡都在五十歲以上，因此，愛奴語當時被聯合國教科文組織（UNESCO）列為將被消滅的母語。眨眼十年過去，十人中還剩下多少個已找不到最新資料，但愛奴語行將消失已成改變不了的殘酷事實。

在俄羅斯管治下的庫頁島、千島群島過去也有愛奴人聚居，但數目更不詳，俄國當局早前估計總人數大約一千人左右，但由於他們早已不說愛奴語，也沒保留民族禮儀與風俗，故此不被俄國政府承認為單獨民族。

北方四島的爭議如何解決，是否有返還日本之日只能看歷史進程與機遇，但這幾個飽受北極寒風吹襲的島嶼至少繼續存在，曾在島上生活、漁獵過千年的愛奴人則快要退出歷史舞台，只能留在檔案資料中。

第二次世界大戰後蘇聯奪取北海道以北四個島嶼的管治權，
成為今天日俄兩國外交正常化的談判籌碼。

第四章

靖國神社與千鳥之淵——九段下的熱鬧與孤清

第四章

靖國神社與千鳥之淵——九段下的熱鬧與孤清

到東京旅遊的話，景點可說多不勝數，想看地標可以到晴空塔、東京鐵塔、雷門觀音寺、皇居……想購物、逛街可以到表參道、銀座、新宿、原宿、澀谷。想看新奇電子玩意，到秋葉原就可逛個飽，要找地道小店，到代官山、惠比壽、谷根千尋幽探勝平貴都有。若是希望碰上日系美女，村上春樹好友安西水丸大叔認為日本橋一帶機會較高。真要到神社、神宮，明治神宮大樹參天，綠意盎然，閒逛其中寫意賞心。

若要在東京這大都會找明治維新的歷史痕跡，又或想知道為何日本跟鄰國的歷史爭議始終揮之不去，最該花點時間仔細看的地方是靖國神社。靖國神社應明治維新而生，隨明治的足跡壯大，是凝聚日本全民意志，支撐日本帝國自明治以降擴

位於東京九段下的靖國神社。（網絡圖片）

張的精神支柱。此外，神社以它的皇國至上觀念供奉為日本帝國捐軀的人（超過二百萬），又以此為標準記錄日本近現代史特別是明治以後的軍事史。走遍東京都找不到同樣豐富的歷史庫藏。若果是軍事迷或對「零式」戰機有興趣，又或是看了宮崎峻的《風起了》想看「零戰」的原型，那靖國神社更不能不去，因為那兒就擺着一台「實物原大」的「零式戰機」（零戰五二型）。

要到靖國神社遊覽，最方便的辦法是坐地鐵（半藏門線、新宿線）到九段下站。九段下站是個很有意思的地方，站有兩邊出口，一邊通往被視為軍國主義象徵的靖國神社，另一邊是二十世紀五十年代日本政府厚生省建立的國立戰歿者追悼設施：千鳥之淵。兩邊都是悼念戰爭死難者的重要設施，可再也找不到對比更懸殊的場景了。靖國神社長年香火鼎盛，參拜的人不絕，放滿各都道府縣的祭品。每年春秋大祭神社更是熱鬧非凡，擠滿了來自各地的遊人信眾。即便在平常日子，在神社辦婚禮或其他重要儀式的人同樣甚多。

九段下站另一邊的「千鳥之淵」除了每年國定戰歿者紀念日以外，其餘三百多天人跡罕至，附設的小型資料室及休息室常空無一人，只偶爾看到負責清掃、整理祭奠花圈的工作人員，說是寧靜也真是寧靜。同是悼念戰歿者的設施，千鳥之淵跟靖國神社展現的是兩種光景。

某個冬末春初的日子，清早在靖國神社逛了半天，再信步走到千鳥之淵，沿着河邊小路走着，幾乎錯過了那不起眼的正門入口。跨過簡約庭園走進正殿，沒有任何宗教符號或象徵，也沒有國家、民族的明顯標記，要不是放置了日本首相、內閣官房長官等送的花圈，說是其他國家的祭奠場所也完全說得過去。

走進資料室／休息室，入口處擺放了一些印刷品，還有一些戰爭歷史書籍，但藏書量大概比一家中學的圖書館還要少，用「聊備一格」四個字就最合適了。不過，千鳥之淵的「淡泊」與清幽有個好處，那就是營造了特別的空間與時間，讓來訪的人可仔細沉澱戰爭的傷痛與殘暴。也許因為剛從熱鬧的靖國神社走過來，在千鳥之淵就像進入另一個時空，時間走得特別慢，讓人可以慢慢咀嚼消化沉重的歷史材料、文物、名字、禮儀……

不管怎麼說，九段下站的「戲肉」還是靖國神社。離開地鐵走一段五十米的上坡路就會看到神社有氣派的入口，巨大的「鳥居」立在坡道上的入口，非常矚目，預告着這是個不平凡的地方。信步而上，經過寬敞的參道走進正門。到這裏為止，靖國神社跟其他神社沒有太大分別，正殿前有些出售紀念品、小食的攤販小店，有些休息的地方，還有要人（日本陸軍創始人大村益次郎）的塑像。

走進正門入口後，心水清的遊人會察覺靖國神社跟其他神社的微妙差別，這裏象徵日本皇室（菊花王朝）的標記特別多，參拜的正殿就掛着一幅長超過二十呎、寬三呎印着菊花王室徽號的橫幅，比東京皇居周遭更有王室代表的意味。靖國神社有代表王室正統神社的自覺一點不令人奇怪，設立此神社本就是明治王政復古的延伸，神社的存在就是為了彰顯天皇的「神皇」地位，並供奉、祭祀那些為「神皇」効忠而殉國的軍人。

靖國神社的前身是一八六九年設立的東京招魂社，十年後改名為靖國神社，成為「別格官幣社」，即由官方或皇室宮內省奉納錢帛的神社，屬於國家級，自此以後，靖國神社就成為祭奠為國捐軀軍人的主要設施，例如為一八七四年台灣出兵（懲罰台灣原著民殺死沉船登岸琉球民而陣亡將士）到一八九四至九五年甲午戰爭海外陣亡將士舉行了合祀儀式，超渡英靈。

據日本學者高橋哲哉的研究，直到甲午戰爭前後靖國神社地位仍未算特別顯赫，跟一般神社分別不大。他舉出了日本明治時代啟蒙運動思想家、知識界領袖福澤諭吉在《時事新報》的社論作為證據。

名滿日本，對民眾以至政治精英有巨大影響力的福澤諭吉在一八九五年十一月十四日，即甲午戰爭《馬關條約》簽訂後發表社論，標題為：「應為陣亡者舉行大祭禮」，當中提到「日清戰役」（甲午之戰）有六千多人死亡，他們的犧牲不應被漠視或遺忘，否則將來沒有人願意保家衛國，福澤建議政府該「盡可能地予陣亡者和他們的遺屬以榮光，必須讓他們感受到戰死疆場的幸福。」因此，除了各地為戰死者舉行招魂儀式外，最大的願望是「在帝國之都東京擇地設立祭壇，邀請全國的陣亡者遺屬前來參加儀式，使他們感受到親臨現場的榮耀，我們誠惶誠恐地懇請大元帥陛下親自主祭，率領文武百官出席儀式，頒發詔書與死者的功勳，以慰藉英魂。」

按福澤諭吉的說法，到甲午戰爭前後，靖國神社或許已有官定神社地位，但還不是唯一或最具代表性的慰靈悼念場地，跟軍隊、帝國擴張的關係仍未到二而為一的地步，明治政府及軍方在當時大概也未設想要做到福澤諭吉提議的地步。可福澤諭吉果然不愧為明治年間最有影響力的知識分子，按高橋哲哉的分析，經他在《時事新報》一提，不過一個月後即一八九五年十二月十五日，靖國神社就為甲午戰爭中陣亡的大寺安純陸軍少將等一千人舉行招魂儀式，並從十二月十六日開始為陣亡者舉行三天大祭。

大祭的第一天，明治天皇派了敕使參與。到第二天更不得了，明治天皇以海陸軍大元帥的身份到靖國神社親自參拜，成為了慰藉英靈儀式的高潮，為靖國神社及它的彰顯英靈儀式蓋上了皇室的印記及尊榮。既有「御親拜」背書，靖國神社成了國定的悼念設施，非其他神社式祭壇可比擬，神社內供奉的英靈成為國家英雄，參拜祭典則成了國定的儀式。

日俄戰爭與靖國信仰

若果說中日甲午戰爭令靖國神社地位飛躍提升，十年後的日俄戰爭則進一步令靖國神社變成日本祭奠戰爭陣亡官兵的核心設施，跟軍隊的關係變得牢不可破，並且大步朝「靖國信仰」的方向邁進。

一九〇四至〇五年的日俄戰爭是明治年代最重要的一場戰爭，也是最慘烈的戰爭，規模比十年前的甲午戰爭大得多，日本幾乎是以舉國之力與俄軍決一死戰。純以軍事角度來看，日本的勝利主要在海戰上全殲俄國旅順艦隊及跨越萬里而來的波羅的海艦隊。陸上戰爭方面俄軍雖然失去旅順、奉天等南滿據點，但日本陸軍付出極為沉重的代價，幾場主要陸上大戰包括旅順攻防戰、奉天會戰，日軍陣亡人數都比俄軍更多（這跟日本軍方採用傳統步兵突破而俄軍採用機關槍陣地防守有關），日本全國七個野戰軍團有六個投入了戰爭，陣亡軍人各都道府縣都有，靖國神社為此舉行了更多祭祀儀式，納入神社的陣亡英靈大幅增加。

而從規模、禮儀安排上看，靖國神社跟日本皇軍的起落盛衰緊扣同樣源自甲午戰爭時而成於日俄戰爭。甲午戰爭後，為了將戰歿者「合祀」舉行了兩次由天皇親祭的大祭。到日俄戰爭後更是隆重，在一九〇五年、一九〇六年先後舉行兩次臨時大祭，並且由天皇親祭。到一九〇七年五月又為戰爭中受傷其後死亡的軍人、復員後傷亡的人進行特祀。此外，甲午戰爭時，開戰及議和的時刻，天皇只派敕使到伊勢神宮參拜；到日俄戰爭則不但有敕使到伊勢神宮祈福，也派了敕使到靖國神社。

最值得注意的是，到一九一七年，靖國神社乾脆把例大祭的日期更改，春大祭定為四月三十日，即日俄戰爭後陸軍凱旋閱兵典禮紀念日；而秋天的大祭則改在十月二十二日，也就是日俄戰爭後海軍凱旋閱艦紀念日。

靖國神社正是這樣隨着日本帝國的戰爭一步一步跟軍隊、軍事行動緊緊扣連在一起，成為支撐「國家教」、國家主義的重要支柱。明治／大正時期日本學者河上肇在一九一一年目睹甲午戰爭、日俄戰爭的轉變後有這樣的慨嘆：「國家主義已經成了日本人的宗教，所以，看呀，為國家主義而犧牲的人，死後都被當作神來『祭祀』。靖國神社便是如此。所以我的同鄉前輩吉田松陰先生也因此而被尊榮為神，伊藤博文公爵也被當作神來祭祀。」

河上肇的感嘆當時有多少日本人特別是政治精英意覺今天已難考究，但靖國神社及它的國家教氛圍百年後的今天仍清晰可感。走進神社旁邊的遊就館的話，那份氣息更是撲鼻而至，不由你感受不到。

在靖國神社的布局中，遊就館不算顯眼，至少不是從大門進來即時看到的建築物。遊人從正殿按指示路牌向右拐，再走幾十米就會看到一座有氣派的大理石建築，那就是遊就館，入口則在旁邊的玻璃屋。儘管遊就館只佔據正殿旁邊不起眼的位置，可它實際上是靖國神社國家教的「歷史基礎」。館內展示着已被尊奉為神的日軍將領、士兵的各種器物、遺物；有軍旗、軍服、軍刀、頭盔、家書、任命書；有天皇的開戰與終戰詔書、敕令；有軍方大本營的緊急電報；有神風特攻隊隊員出發赴死前的遺書……

最重要的當然是透過展示、解說軍人們如何為國捐軀，慷慨赴死，令日本從孤

靖國神社旁的展覽館「遊就館」。

懸亞洲東側的島國變成佔領東亞大半土地的大日本帝國，展現日本「神國」的光榮。沒有遊就館的解說，沒有館內的文物，靖國神社就會失去它的特定歷史與文化根源，失去那種國家教重要的內涵，跟普通神社無異。

單看名字很難聯想到遊就館是一所戰爭歷史博物館。根據館方解說，「遊就」二字來自《荀子》〈勸學篇〉，原文是「故君子居必擇鄉，遊必就士，所以防邪僻而近中正。」「遊必就士」意思是交遊要接近賢德之人，以防走上歧路，不能持守正道。把個人修身的警句用在充斥着暴力、傷亡、哀痛、苦難、侵略的戰爭紀念館，對使用漢語的人來說難免有不搭配的感覺，甚至有文過飾非的意味。當然，靖國神社建立紀念館是它向為國捐軀軍人致意致敬的重要部分，而被納入神社的在日本官方而言都是賢德之士，紀念館講述他們的事跡就像讓他們聚首一堂，所以神社管理者就選了「遊就館」這名字。

對軍事迷來說，一走進遊就館肯定覺得不枉此行，因為即時看到的是一架實物零式戰機。「零戰」的輝煌歷史大概軍事迷都知之甚詳，從昭和十五年（一九四〇年）研發成功上戰場開始，有好幾年時間它就是東亞及西太平洋空中霸王，中國古老軍機固然難以匹敵，美國的戰機也及不上它的靈活、優越性能與強大續航力。直到一九四四年美軍新型戰機投產才打破它的優勢，而在二戰最後階段零戰已無抗擊美機之力，大批大批變成神風特攻隊「飛行棺材」。

其實，即使不是軍事迷也會聽過零戰的大名。動畫大師宮崎駿年前製作的《風起了》漫畫，說的就是開發零戰的工程師崛越二郎的故事。電影沒有正面觸及戰爭、侵略，對零戰的突破性工藝與技術則讚嘆不已。崛越二郎從「鯖魚骨」聯想到如何減少零戰的風阻系數及滑翔能力既讓人看到設計者的創造力，也聯想到它的日本文化基礎。

實物原大的零戰外，遊就館入口處還有一門在沖繩防禦戰中派過用場的八九式十五厘米口徑加農炮。炮身彈痕纍纍，顯見在守衞戰中擔當過一定角色。據館方資料，大炮是戰後在沖繩洞崛戰壕中找到，是現有唯一完整的同類重炮。

遊就館的展示室基本上順着歷史時序安排，先是日本武人傳統及明治維新前江戶時代文物，如火器、盔甲、武士刀、重要武將畫像等，「戲肉」還在明治維新及以後的一百五十年，從國內討伐幕府的戊辰戰爭開始到西南戰爭到日清、日俄戰爭。不過，佔用展示室最多，資料最豐富的肯定是大東亞戰爭。若把「支那事變」（即中國的抗日戰爭）算進去，這段歷史的相關文物與資料佔了約三分一的展示室面積。

遊就館中的戰機展示。

在日本軍事史而言，自九一八開始長達十五年的總體戰是日本軍事成就的巔峰：重創美國太平洋艦隊，在馬來亞半島、新加坡、香港大破老牌帝國英國，包括在新加坡海峽擊沉兩艘英國海軍主力艦。有接近三年時間把北起庫頁島、南至印尼群島的西太平洋水域變成日本帝國內海，實質佔領從滿洲到緬甸的亞洲大陸廣大土地。以軍事征服而言，這個帝國面積之大不會比當年的羅馬帝國遜色。

可大東亞戰爭也是日軍最大的恥辱與敗仗。原來雄霸西太平洋的龐大海軍艦隊一一被消滅，作為帝國軍艦象徵的「大和艦」（主力艦）在開赴沖繩支援途中被擊沉。手上的島嶼一一被攻陷，最後連算是本土的沖繩也在付出大量軍人、平民生命後被美軍佔領，東京等多個大城市被炸成廢墟，還成為史上唯一一個受原子彈攻擊的國家。到最後，向來自傲從未被外夷征服的神國日本不得不棄械投降，列島全境被盟軍（美軍）佔領，百萬計日軍被解除武裝及遣返，數以萬計軍人成為戰俘在蘇聯當苦工，大量軍方領導層及各級軍官以戰犯身份送上軍事法庭，有的被槍決。

在遊就館有關大東亞戰爭五個展示室內，勝利的狂妄與敗陣的不甘倉皇，出戰的激昂與沒路的悽然告別混在一起，的確值得仔細看看。

同樣教人難忘的是「日露戰爭」（日俄戰爭）這個部分。一邊看一邊感到這場「勝仗」是日本近現代史的一個重要轉捩點，影響之大跟美國培里艦隊黑船來航不相伯仲。若果說培里艦隊打開了日本門戶讓她走向西化、現代化之路，日俄戰爭則是日本變成西方式殖民帝國、走向帝國主義侵略的里程碑。自此以後，日本不過幾年就吞併韓國，對殖民地實施皇民教育，大幅擴大在中國東北的勢力。往下四十年日本不斷擴大帝國的歷史軌跡可說都是日俄戰爭的後遺症。

在遊就館內日俄戰爭佔了兩個展示室，走進去就看到偌大的戰爭作戰全圖，標示了日俄兩國陸軍如何在他人的國境（中國滿洲、遼東半島）展開幾十萬人對壘的大決戰，其中旅順、遼陽、奉天成了最矚目的戰場。當然少不免日軍大獲全勝的日本海海戰。地圖以外最矚目的還有這場戰爭的多位日軍戰爭英雄，如在旅順港圍堵海戰中陣亡的廣瀨武夫，在奉天會戰中戰死的騎兵連隊中尉南部利祥，他們的遺物都在展示室內；當然還有率領聯合艦隊大破波羅的海艦隊的司令官東鄉平八郎的照片與肖像。

不得不提的還有作為滿洲遠征軍第三軍司令的乃木希典大將的介紹。他是甲午戰爭老兵，當時帶領攻佔清朝旅順要塞的主力軍。日俄戰爭中他的第三軍同樣被賦予攻佔俄軍旅順要塞的任務，以便配合海軍夾攻躲在港口的俄國艦隊。但俄軍要塞非清廷可比，他的第三軍先後發動兩回旅順總攻擊都無功而回，損失慘重，到第三回改變策略進攻203高地，勉強成功取得制高點炮擊旅順港俄國艦隊，打破了僵局。三次總攻，乃木希典超過七萬人的大軍只剩下不到一半戰力，兩個兒子乃木勝典、乃木保典都在這次旅順圍攻中先後陣亡。遊就館的日俄戰爭展示室就展出了乃木希典塑像還有兩個兒子的照片。

日本在對俄戰爭的豪賭僥幸勝出，造就了日本軍方對政府權力的掌控，帶引日本政界以至民間不少人把向外擴張視為理所當然的強國之途，並鼓勵了日軍高層拿國家命運豪賭的傾向。一九四一年十二月，日軍大本營不管美日雙方國力懸殊，決意偷襲珍珠港，希望創造奇蹟先削弱美國實力再圖後計就充滿日俄戰爭的豪賭影子。

有一回逛遊就館看得入神，到四點半閉館前被管理人提醒才離開。濃冬的太陽落在身後拉出長長的影子，剩下夕陽的餘溫跟呼呼的寒風相抗。哆嗦一下，趕緊走進讓參拜者竭腳的休憩處，在自助飲品機買了一瓶熱的麥茶，坐下閉目flashback般重看館內的資料、文物、遺物，撫平一下起伏的思緒。的確，剛「走過」一場又一場戰爭，當中不知殺傷了多少生命，扭曲夭折了多少人生，可在遊就館所有人和事被濃縮轉化成為國捐軀的精神，沒有中間，沒有含糊，也沒有我與你；只有「我」方

千鳥淵戰歿者墓苑建於一九五九年，唯至今仍沒有取代靖國神社的社會地位。

的說法，當中遺漏了的委曲、不甘、無奈，恐怕多得再搞幾個紀念館也承載不了。

靖國神社及遊就館從來不是展示委曲、無奈的地方，它是官辦的戰歿者紀念設施，是帝國／國家管治體系的重要組成部分。套用日本文化研究學者高橋哲哉的說法，靖國神社是國家教的「感情煉金術」道場，是把民眾犧牲生命的苦痛變成榮耀，再讓大家心甘情願接受的地方。

高橋哲哉在《靖國問題》對靖國神社的各種爭論與辯解做了甚為詳細的梳理。在他來說，設立靖國神社，神社辦的儀式以至後來與軍方及戰爭關係愈來愈密切，整個考慮只有一個：「必須通過彰顯陣亡者，讓遺屬們為此高興，使其他國民自願性地為國家奉獻自己的生命……也就是說，國家應該投入大量資金，把全國各地的遺屬們召集到東京，讓他們知道『國家』和『天子』是多麼令人感激，讓他們懷着無比『感動』的心情回到故鄉去。這正是靖國信仰得以維繫的『感情的煉金術』。」

高橋哲哉書中引用了不少關於靖國大祭的報道、紀錄，說明「感情煉金術」如何有效。一九三九年，《主婦之友》雜誌刊出了「為國獻獨子光榮寡母熱淚座談會」的報道，記述北陸地區（即富山、石川、福井、新潟）遺屬們到東京靖國神社出席陣亡將士合社祭典的經驗。

有位叫齊藤的太太說：「俺哥總不停地說，要是動員來的話，這條命就獻給天子了。怎麼還不來，怎麼還不來。這回總算如了願，光榮戰死了。」

森川：「那天晚上白色的御羽車開進靖國神社時，俺心裏實在激動呀，激動得不得了，本來一個沒用的孩子，就這樣派上了用場，真是太好了。」

信步從遊就館走回靖國神社，旁邊可看到御參拜之所，還有御羽車的擺放處。想像一下，日俄戰爭、大東亞戰爭期間一次又一次的祭祀、拜觀招魂儀式，為陣亡官員舉行的合祀祭典儀式，日本各地市、町、村的遺屬被接到神社，見證着祭典及兒子、父親成為靖國英靈，看到神官們白色的手抬起御羽車，彷彿飄在浪尖上的點點白沫，彷彿神降臨古老神社的祭曲似的……甚至有機會見到天皇御親祭。那份感動足以讓他們化悲為喜，領悟到人生真義就是為國家而死，為天子而死，不要說幾十年前純樸的町鄉農民，即使放在今天也肯定是感動人心的光榮。

到二戰以後美國佔領軍政府強迫日本切斷與神道教、神社的關係，令靖國神社變成私人宗教法人團體，但當中的非官式聯繫並沒有完全消失，日本首相、國會議員每年秋大祭對神社有所「表示」，如奉上祭品或親自參拜就是典型例子。遺屬們的情感同樣濃烈，有時候還添了委屈。

二〇〇一年「靖國之妻」岩井美子在大阪地方法院的起訴書，當中清楚反映那份不忿：「如果有人說首相參拜靖國神社給他們的心靈造成了創傷的話，那麼，靖國神社像現在那樣得不到國家的保護，首相因為顧慮外國的反對而不能按照自己的意願進行參拜，而且也得不到天皇陛下的親自參拜，作為靖國之妻，我受到的心靈創傷又何止幾萬倍、幾億倍……」

有這樣的歷史、文化、情感基礎，靖國神社香火鼎盛，人流不斷是有理由的。相比之下，千鳥之淵雖是二戰後國立的祭祀戰歿者設施，沒有涉及什麼政治爭議，每年八月十五日也有不同宗教如佛教、基督教家派在那兒奉行追悼儀式，政府也會辦追悼活動。但少了靖國的歷史文化與社群基礎（二百多萬英靈的遺屬），作為追悼設施就像只有硬件少了軟件一樣，自然肅穆寂寥。

東京九段下站左岸右岸的熱鬧與冷清就是如此成就的。

第五章

沖繩：國境之南的不沉母艦——從與世無爭到戰雲不散

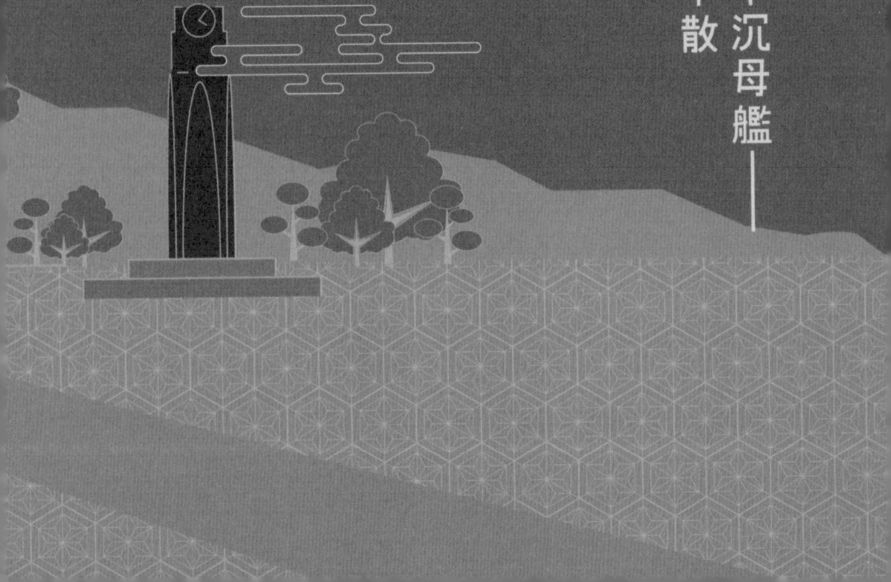

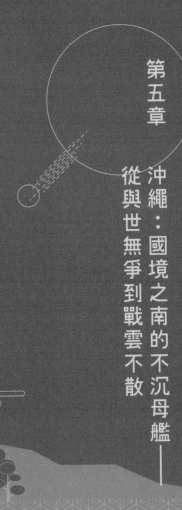

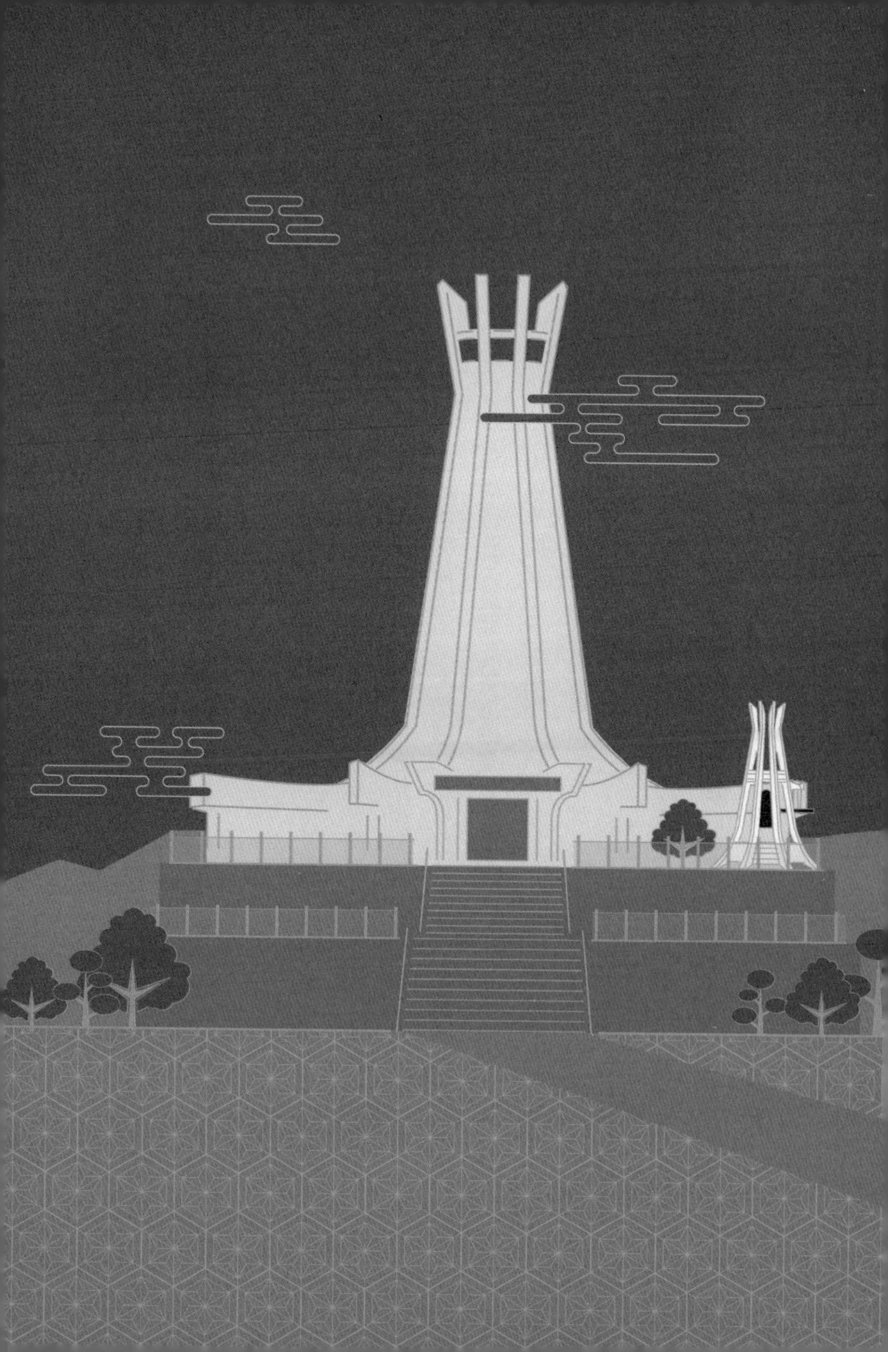

第五章

沖繩：國境之南的不沉母艦——從與世無爭到戰雲不散

沖繩在日本「國境之南」，有人說是日本境內最不像日本的地方。從氣候、物產看，它跟台灣可能比九州、本州有更多共同點。自歷史巨輪從明治開始滾動後，日本列島及列島上的人都迅速改頭換面，大步迎向新思想，新科技，新秩序；可改變得最徹底，最翻天覆地的還是沖繩群島。才不過十年，她就從原來半獨立、與世無爭的世外小國——琉球變成日本帝國的沖繩縣，琉球人成了日本帝國子民。

再過七十年，向來安寧平和的沖繩成為日本帝國防禦美軍進攻日本本土最前線，先受美國「鐵雨風暴」（Typhoon of Steel）蹂躪，再因「玉碎戰略」以焦土抗敵，全島幾乎夷為平地。接着日本投降，沖繩成了美軍佔領地及重要軍事基地，直到一九七二年才交還日本政府。可重回日本管治沒有減少懸在群島頭上的戰雲，島民多年來渴望真正和平及遠離戰爭陰影，偏偏沖繩仍有大量美國駐軍，佔美國駐日軍隊超過七成，並設有海外最大美國空軍基地，就像一艘浮在東海的巨型航空母艦。

想了解明治維新如何改寫沖繩群島的島上居民的命運，可以先從沖繩本島的歷史古蹟首里城作起點，因為那裏「保留」（說是保留其實是重建）着舊琉球王朝的歷史「斷垣殘壁」。

仔細看首里城建築群，從外觀、顏色、布局來看更像是中國東南沿海地方政府官衙，沒有日本傳統的和式紙糊窗與門，也沒有作為通道、透氣與休息的長廊。再看看歷史文牘，用的文字全是漢字，遣詞用語深受中華文化圈影響，敘述的事跟中國王朝相關，反映琉球王國在十九世紀中以前是中國王朝朝貢體制的一員，以此換取貿易的機會。日本其他地方即使是長期主導對中國貿易的長崎也沒有這樣濃烈的中華文化氛圍。另一方面，首里城古蹟跟日本文化的聯繫不多，沒看到多少另一宗主國——日本薩摩藩的痕跡（從十七世紀薩摩藩出兵琉球後琉球王國同時向中國王朝及日本幕府朝貢）。

沖繩在日本列島中的確充滿「例外」（exception）與個性，跟本島就是不一樣。

首里城去年因大火燒毀，日後要恢復全貌，不知道要花多少時間。

日本列島說大不算大，說小也不算小。以地理跨度計，從北海道知床半島到沖繩南端石垣島南北縱貫距離約三千公里，以中國相比就是從黑龍江到福建省，地區之間有差異並不稀奇，而邊陲地區跟政治文化中心不一樣更是常態。只是，沖繩的不同絕不能用地理位置偏遠解釋，它是百多年來歷史與地緣政治力量衝撞下的成品，跟明治維新後日本及東亞的巨變密不可分。

從琉球到沖繩

沖繩群島是比較新近才有的名字，歷史上這些島嶼被稱為琉球王國，一四二九年（明宣宗宣德四年），以首里城為都城的中山王尚巴志擊敗盤踞南部的山南王，統一全國，次年派使臣到中國向明室進貢，並上奏大明皇帝統一了「江山」（全島），建立新秩序的事跡。明宣宗頒下曉諭稱許：「爾琉球國分，人民塗炭，百有餘年。比爾義兵復致太平，是朕素意。自今以後，慎終如始，永綏海邦，子孫保之。」

尚巴志派出的使臣懷機在朝貢期間在中國四處遊歷，增廣見聞，回國後有人把他的見聞寫成碑文，豎在首里。這個以漢字寫成的「安國山樹華木之記」碑成了琉球國最古老的碑文（十五世紀初）。碑文也提到琉球國的一點歷史：「琉球，國分為三，而中山都於其中。俗尚淳樸……大明皇帝嘉其忠勤，特賜衣冠、印章……」

琉球三國統一後，碰上明朝實施海禁，嚴限中國東南沿海居民出海貿易，令活躍在東南亞、琉球、朝鮮、日本的中國商船、商人大幅減少，琉球王國及她的商船、商人填補了部分真空。他們把不同地區的貨品轉到其他市場，特別是把備受各地喜歡的大明商品如瓷器、絲綢等轉賣到馬六甲、印尼、日本等地。琉球王國及商人能成為區域貿易的重要中繼人關鍵在於善用明朝的朝貢經商模式，以向大明朝貢之名每年名正言順到中國接受朝廷賞賜之餘，更可大事購買明朝貨品帶回國內，再轉賣到其他地方。看看琉球對朝貢的熱中就可以知道琉球在這方面的利益非同少可。

根據日本學者高良倉吉寫的《琉球の時代》，在向明朝進貢的小國中，琉球二百七十年間因各種名目到中國進貢一百七十一回，遠超第二位的安南（九十九回），第三位的暹羅（七十三回），幾乎達到三年兩貢的比例，比原本兩年一貢的規定頻密得多。琉球熱心向明朝朝貢顯然不是因為忠心耿耿，而是着眼於龐大的中繼或轉口貿易利益。按一般進貢規範，每回貢使有船三艘，每艘船約有一百五十名成員，以琉球在明朝進貢一百七十一回計算，有近七萬七千人次踏足中國，他們就成了龐大採購團，購入大量中國陶瓷及絲綢，再轉賣到其他地方。

根據各地文獻紀錄，琉球商人十五六世紀以後在各地的港口都很活躍，包括暹羅、朝鮮、日本、馬六甲、蘇門答臘、呂宋……等，其中在十五世紀就有多次官方「使船」到「蘇門答臘」及亞齊一帶活動，大搞朝貢貿易。到十六世紀葡萄牙人佔領馬六甲後，琉球人才停止在馬六甲的活動，集中在中、日、韓及南洋的貿易圈。

可以說，琉球王國成了明朝海禁的重要得益者，她從朝貢貿易中得到大量好處，享盡了繁榮與安定，但區域貿易鏈這塊「肥豬肉」自然有其他人、其他國家覬覦，其中包括早已在中、朝、日海岸橫行的海盜（不盡是倭寇，當中也有不少中國、朝鮮人），也有日本藩國。早已在九州南部鹿兒島建立勢力的島津家十六世紀把勢力擴展至日向、薩摩、大隅等地區，開始考慮如何在區域貿易上分一杯羹，最直接的方法就是能控制琉球的朝貢活動，把她從中國拿到的貨品、好處搶到手。

關原之戰後，德川家建立新的幕府政權，島津氏在一六〇九年徵得德川家康許可下派出三千配備火槍的薩摩士兵遠征琉球王國。承平已久、國力虛弱的琉球根本無法抵抗，很快就無條件投降，連國王尚寧也被俘擄到薩摩成為階下囚。自此琉球被編入日本封建國家體系內，島津家並派出官員管理琉球包括朝貢方面的事務。

不過，島津家沒有逼琉球完全脫離中國的朝貢體系，仍舊准許琉球向明朝及後來的清帝國稱臣納貢。這除了因為不想跟中國王朝有什麼衝突外，朝貢帶來的商機也是重要考慮。後來薩摩藩成為日本雄藩，在幕末時代發揮重要影響力，對琉球及區域貿易的掌控是重要本錢。

被擄的琉球國王尚寧兩年後即一六一一年終於獲准回國，保住王位。但琉球王國的獨立自主地位自此一去不返，成為日本薩摩藩的附庸外又得繼續向取代明朝的滿清王朝稱臣納貢，成為朝貢體制下的一員。當中清王朝是琉球名義上的宗主，日本薩摩藩則來個實質控制，琉球王國只能保持極有限的自主空間。

更大的衝擊還在後頭。十九世紀西方列強大舉進軍亞洲不但改變東亞的地緣勢力平衡，也把以中國為核心的朝貢體制粉碎，小國弱國再不能在朝貢體制的模糊空間中存活，開始一一成為強國、大國的殖民地，失去原本的獨立地位，琉球就是在這一波巨變沖刷下連名義上的獨立地位也失去，成為明治維新後大日本帝國第一塊新增的領土，日本歷史稱之為琉球處分，當時是明治天皇登位第十二年，即一八七九年。

首里城一角。

被日本處分的琉球

在歷史巨流河轉向的時候，小國弱國往往首當其衝，輕則面目全非，重則沒頂。琉球的命運正是如此。十七世紀薩摩藩出兵琉球把她變成中日兩屬的地方。自此以後，琉球的命運就跟日本扣在一起。而當西方文明挾黑船、巨炮開進江戶灣逼日本放棄近三百年的鎖國體制時，日本很快就出現天翻地覆的巨變，那就是一八六八年的大政奉還及自此開展的明治維新。這股形同革命的變動很快就波及琉球，令這個小國及她的住民走上一條比以往顛簸坎坷的路。

明治政府首次將琉球問題列入政治議程大約是在明治四年即一八七一年實行廢藩置縣政策前後。琉球的地位本來就模糊尷尬，她並非日本封建藩王，只是朝貢的屬國，並且同時向中日納貢。然而，自十七世紀薩摩出兵琉球後，薩摩藩已大力控制王國的實際事務，重大事件都由島津家作主。薩摩藩士後來成為明治維新推手，更不會放寬對琉球的控制。

明治五年，日本政府大藏省正式提出處置「琉球國」的建議，認為不能再保持過往中日兩屬的曖昧狀態，應盡快將琉球的土地人民納入管理，令其制度、規則跟日本其他地方同步，並以「一方之要衝，皇國之翰屏」形容琉球的重要性。在這樣的想法下，明治政府同年把琉球國王尚泰列為華族（即貴族），跟其他日本藩主的身份一樣，變相取消琉球的朝貢國的地位，主權歸屬日本。可以說，明治政府是單方面及強制改變了琉球的地位，日本官方把做法稱為「琉球處分」，反映的正是這種上而下的強制態度。

日本國內本有政治人物對琉球處分有保留，擔心處置引發外交問題包括與清朝起爭端，也不希望琉球納入日本範圍。但他們只是少數，跟明治維新拓殖興產的主流思想不符。再加上明治政府大臣如來自薩摩的內務卿大久保利通強力推動琉球處分方案，日本政界反對聲音很快消失。

另一股阻力來自琉球國內特別是管治階層及國際社會。忽然被滅國，琉球尚氏王室及親信自然傾力反對，並且曾派人到清廷游說，希望大清出面壓制日本，讓琉球保持兩屬的現狀。清廷方面也不是完全無動於衷，自琉球處分提出後一再向日本政府提出責難及抗議，反對有關做法。清朝駐日公使何如璋就曾去信直隸總督李鴻章，認為清廷不能任由日本政府為所欲為，否則：「琉球既滅，次及朝鮮……他時日本一強，資以船炮，擾我邊陲，台澎之間，將來一夕之安不可得。」回望歷史何如璋的警告不能算沒有先見之明。

清廷對琉球的安危雖不算完全袖手旁觀，但也沒積極為她出頭。明治四年（一八七一年）發生「八瑤灣事件」。五十多名琉球島民因船難飄到台灣卻被當地原住民殺害，日本政府以此為理由出兵台灣，一方面懲罰當地原住民，另一方面顯示琉球為日本屬國，對外事務包括軍事由日本掌控。出征台灣在軍事上沒有太大影響，日軍不久就撤退，但在外交上特別是琉球問題上日本卻取得重大勝利，因為在雙方訂立的協議中清廷承認日本征台是義舉，並支付賠償金予被害者家屬，變相承認日本對琉球的統制，令清廷在往後的交涉中處於下風。

其後美國前總統、內戰英雄格蘭將軍訪問遠東，穿梭兩國進行斡旋，一度促使中日雙方就琉球的歸屬及地位問題達成分島協議，把八重山、宮古島讓給中國，其他部分則歸屬日本，日本並可取得中國內陸通商權利。可惜，清廷當時外侮不斷，又忙於與俄羅斯處理新疆邊界問題及談判《伊犁條約》，跟日本達成的協議就擱置下來，並因沒有簽署而作廢。琉球群島勉強避過被切割的命運，但歸屬日本成為沖繩縣則變成不歸路。

明治政府任命的琉球處分官松田道之一再前往琉球宣布廢藩置縣的決定，但琉球王及朝廷堅決抵抗，直到一八七九年（明治十二年）松田在一百六十名警員及三百八十名士兵護送下第三次到琉球宣布「處分」命令，終於完成任務，正式落實在明治十二年四月四日琉球藩改為沖繩縣的命令，確定縣府於首里，縣令是前鹿島藩主鍋島直彬。

同年六月三日，松田道之召集琉球各地士族代表訓諭一番，威嚇他們停止抵制及抗議，不然將會成為新政權下的邊緣人，分沾不到任何權力，甚至成為打壓對象。松田的原話是這樣的：「於新縣之爾等將成為無法得到任用之人，百般皆由內地人所取。遂至此地士人連一人之就職也不可行，身受社會之侮慢……乃至於情如亞米利加之土人，北海道之愛奴等樣貌之地步……」把琉球士族稱為土人，明治精英對琉球的輕視可想而知。

琉球一般民眾對變成日本國民反應則比較複雜，某些角落確曾發生抵制事件，還有島民對支持歸順日本的人圍毆至死的事。但類似的激烈反抗只是零星少數，沒有全面抗爭的情況，有部分人更希望新政府可以改善島上的貧窮落後狀況，不再一窮二白。

從一八七九年起，地圖上再沒有琉球國，換上了沖繩縣，群島的地緣及住民的命運都大大改變了，原來平靜、與世無爭的島嶼被綁在帝國擴張的戰車上，也逃不過帝國沒落的悲劇，而戰爭的硝煙味更是到廿一世紀的今天仍濃得化不開。

戰爭血痕

到沖繩旅遊的話，很容易被它的陽光海灘與無拘束氣氛迷倒，以為沖繩就是沖浪及成就「沙灘小子」的地方，是無憂無慮的度假勝地。若果稍稍離開那霸的「國際通」或佇立在無際海灘旁的度假酒店，其實不難發現它突兀的地緣政治與歷史印記，有些地方彷彿仍隱約看到血痕。

就在那霸市中心西南方不過十公里的小山丘，有一座不起眼的紀念館，遠看還有些氣派，走近看的話會發現建築物外觀有些斑駁，有點頹唐；碰到的遊人不多，出售紀念品的兩家小店都一副沒精打采的氛圍。這個地方叫做「舊海軍司令部壕」，也就是太平洋戰爭後期日本海軍在沖繩的指揮中心，慘烈的沖繩決戰就在這兒作最後部署及調度。

「壕」就是地堡的意思。一九四五年初美軍佔領琉璜島，開始大規模轟炸日本本

沿舊海軍司令部壕入口樓梯往下走，就可看到第二次世界大戰時的光景。

土軍事基地、城市，逼近被視為日本本土最南端的沖繩群島。日軍決定在沖繩進行持久戰，以拖延美軍攻進日本本土。早在一九四四年開始日本軍方就把小山丘建成地道縱橫交錯的地堡，希望在此作為抵抗中心，戰至最後一兵一卒及造成大量美軍傷亡，阻嚇美國進攻日本本島的企圖。

從狹窄的樓梯及通道走進司令壕，發現內部的規劃、布置五臟俱全，從司令官休息室、傷兵房、通氣口以至清理大小二便特別通道都配備，只是從房間到通道都狹少低矮，教人局促的透不過氣來。地堡紀念館內最矚目的還不是什麼裝置、設備，而是遍布牆上的一個個小孔，它們不規則的分布在不同角落，連天花也有孔洞纍纍。旅客介紹的文字說：小孔是地堡內軍官、士兵以手榴彈自殺後留下來的痕跡。他們在美軍強大火力下無法突圍，又不願向美軍投降，便各自找個角落了結自己以示對國家及天皇的忠誠。

看着彈痕及地堡內的文字介紹，入地無門，走投無路的蒼涼自然而然在心底浮現，教人胸中鬱悶，走出地堡在陽光底下還糾纏不休。這樣的「景點」，難怪遊客不多。

司令壕內有一份文件很值得記一下，那是駐沖繩日本海軍指揮官大田實少將自戕前向大本營發的最後電報。電報在一九四五年六月六日發出，有如下一段話：「從

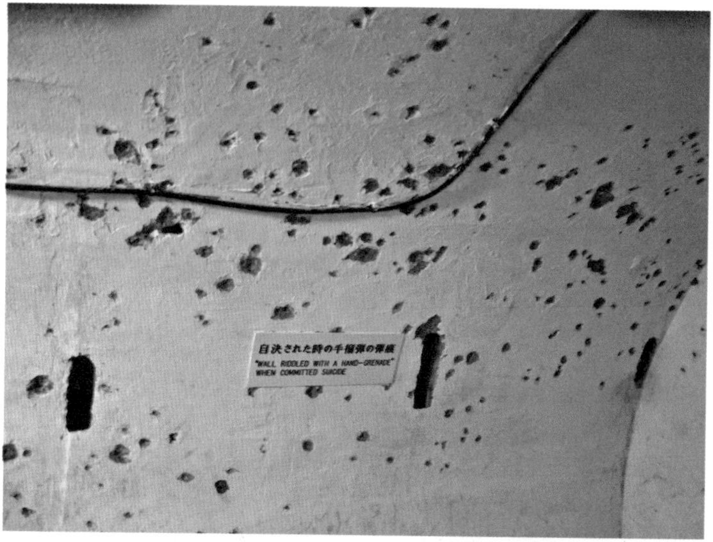
自決された時の手榴弾の弾痕
"WALL RIDDLED WITH A HAND-GRENADE"
WHEN COMMITTED SUICIDE

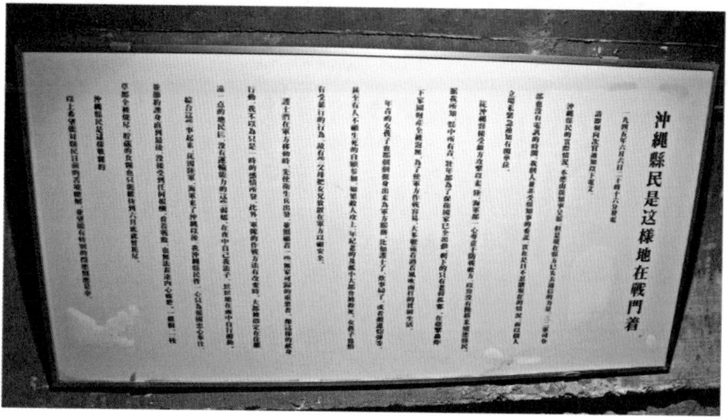
沖繩縣民是这樣地在戰鬥着

舊海軍司令部壕內的牆壁滿布彈孔，另一邊則有中文說明介紹當時戰況。

今天的舊海軍司令部壕對外開放，是旅遊景點之一；
上圖為海軍壕海濱公園的遊客中心。

沖繩縣接受敵方攻擊以來，海軍都一心繫於防戰敵方，以至沒有餘力來照顧縣民，據我所知，縣中所有青壯年都已為了保衛國家全數出動，剩下的只有老弱孤寡，在炮擊轟炸下的家園財產全部化為泡影⋯⋯年輕的女孩子也都個個挺身而出為軍方服務，像是護士、炊事婦或搬運炮彈⋯⋯從上所述，從日本陸軍與海軍來到沖繩以後，我沖繩縣民皆為報國忠心奉仕，並節約謹身直到最後，沒有接受任何報酬，看着戰敗，更無法表達內心痛處，一棵樹、一棵草都被燃燒殆盡，儲藏的食糧也僅夠維持到六月底即全數耗盡。沖繩縣民是這樣在戰鬥着。」電報最末一句是個請求：「以上希望願對沖繩縣民的當境有所了解，如有特別的照顧與關注即是感激不盡。」

大田實少將的訣別電報充滿悲情，對沖繩民眾在戰爭中的苦況滲出了高階軍人罕見的同情。只是，訣別電報中說到的慘況還是太輕描淡寫，實質的死傷、苦難不知深重多少倍。非筆墨、摩斯密碼寥寥數語所能形容，而當中還有部分是由駐守沖繩日本軍隊及大本營指揮部造成。

先看一些教人怵目驚心的數字，沖繩決戰從開打到日軍駐沖繩總指揮官牛島大將自戕、美國全面佔領大概維時八十多天，從一九四五年四月上旬到六月下旬，戰爭中日軍戰死的近十萬人，另有近八千人投降或被俘；美軍則有八萬四千多人傷亡。沖繩居民死亡人數則有不同估計（從四萬多到十五萬），沖繩縣政府自己的資料則有超過十萬人；美國軍方估計沖繩戰役平民死亡人數為十四萬多。究竟是四萬多還是十多萬大概不容易有個定數，但非戰鬥人員傷亡數幾乎跟在戰地的軍人一樣多只能以極其慘烈形容。

再看其他參考資料，沖繩縣戰前人口近六十萬，一場美軍稱為「鐵雨風暴」或沖繩決戰有超過十萬居民喪生，幾乎每五個沖繩人就有一個死於戰役中，比例之高實在驚人。更教人慨嘆的是當中不少平民的死亡原來是由日軍直接或間接造成！

沖繩首府那霸交通相當繁忙，主要街道經常塞車，不比東京等大城市好多少。還好，捱過市區及機場附近地區後塞車情況大大改善，再往南走到達系滿市範圍摩文仁之丘地區車流更是疏落，可以悠閒欣賞風景。

對遊客而言，摩文仁之丘是個相對陌生的名字，沒有什麼豪華度假飯店，沒有一望無邊的白色沙灘，一般旅遊書也不會多介紹。可若要重訪當年沖繩決戰的血痕紀錄，包括沖繩平民如何被兩軍逼得走投無路，摩文仁地區卻不能錯過。其中最矚目的地標（大概不能說是景點）是建在此地的沖繩和平祈念公園。

沖繩和平祈念公園佔地甚廣，覆蓋摩文仁南部一大片臨海的小山丘。選這地點

沖繩和平祈念公園，除了紀念當年犧牲的二十四萬名軍民，亦是沖繩市民舉行反美軍基地集會的根據地。

當然不是隨便的事，摩文仁之丘正是美軍的鐵雨風暴下，日軍負隅頑抗的最後防線。敗局已定、彈盡援絕的日軍殘餘部隊就以小丘下的岩洞作最後據點，那一個多星期已不能算是戰鬥，而是充滿絕望、自戕、殘酷、人性扭曲的大混亂，還有對國家／天皇的最後表忠。

指揮官、高級軍官大都選擇剖腹或吞槍自殺，下級軍官及軍士則有不少執行軍方高層下達的「玉碎」指令，用盡各種方法包括大規模的犧牲殺傷震懾美軍，希望可以阻嚇美國進軍日本本土。根據紀念館資料，頑抗的日軍有的藏在狹少的山隙窄縫伏擊推進的美軍，有的拿着手榴彈衝進美軍陣地希望像神風特攻隊般殺傷多個敵人。

更慘烈的是隨同日軍敗退到摩文仁之丘的沖繩平民及學生（大中學生），沒有人指示他們該做什麼或戰情如何，倒有不少軍官反覆向他們宣傳美軍的殘忍暴虐、姦淫婦女，呼籲他們同樣採取「玉碎」政策，不要投降。有下級軍官索性以平民作掩護，驅使沖繩居民走出隱蔽的陣地假裝投降，再混在平民中突襲美軍，令大量平民死在美軍機槍陣下。還有一些平民特別是婦女被鼓勵跳崖或以其他方法自盡殉國，避免成為美軍俘虜後可能受虐或被強暴。然而，進攻沖繩的美軍並沒有採取殺害俘虜或強暴虐殺平民的行為，若不是日軍最後階段驅使沖繩民眾作無謂犧牲，摩文仁

公園裏到處可見紀念自殺殉國及戰爭死難者的石碑。

第六十二師團慰靈碑
第六十二師団長
藤岡武雄中將
第六十三旅団長
中島徳太郎中將
両閣下自刃之地

風部隊之碑
合祀
中央航空路部沖縄管区

之丘及沖繩之戰中平民死傷不會如此慘重。

在摩文仁的和平祈念公園仔細走一圈得花大半天時間，它不但有詳盡資料敍述沖繩血戰的慘烈戰況，還把沖繩戰死者按各人來自的都、道、府、縣一一列出，當中有軍人、有平民，還有被日軍以間諜罪處死（因說沖繩方言）的沖繩人。走在這些碑刻的名字前，可以深刻的感受到沖繩血戰的重大人命代價，當中除了戰爭的無情外，還有日軍大本營對平民生命的輕視。

在祈念公園找尋死去親人名字不容易，要在沖繩血戰後蒐集、核實死去的十萬軍人、十多萬民眾的名字更是不可能的任務。直到二〇〇四年為止，摩文仁的和平祈念公園內的「和平之礎」碑園區共銘刻了超過二十三萬九千〇九十二人的名字，其中沖繩出身的有十四萬多人，其他都道府在沖繩戰役中喪生的有七萬五千九百四十一人。除了日本人外，這個位於公園內的和平之礎還刻上了一萬多名美國人、幾十個英國人、四百多個韓國人、二十八個台灣人的名字，他們都是這場慘烈戰役的犧牲者。

公園最南端的崖邊豎立了一個名為「黎明之塔」的石碑，寓意沖繩及在戰爭中死難軍民能從戰爭的黑暗走向黎明，迎向美好的未來。走過幾十座懸崖塔，看過摩文

和平祈念堂外的少年雕像。

仁之丘山崖內殊死戰的岩洞，仔細看一下來自青森、福島、大阪府……等各地戰死者的名字，再站在這崖邊角落眺望無際的太平洋並沒有那種豁然開朗的感覺，反而有點抹不走的鬱悶。畢竟豎立了和平紀念公園與黎明之塔並沒有讓沖繩遠離戰爭，炮火硝煙的氣味，不祥的戰爭機器聲響仍是揮之不去。

不沉航母──廿一世紀沖繩

沖繩還有一個別具一格的「景點」：那就是那霸北部不到一百公里的美軍嘉手納空軍基地。說基地是沖繩景點絕沒有誇張，它是美國空軍在海外的最大基地，經常有大量新式美軍戰機如F15等在這裏的機場升降演習，醉心新戰機的軍事迷據說可從戰機升降的引擎聲知道它是什麼型號、性能、戰鬥半徑，專程來基地附近觀看的人不少，基地旁的幾家商店索性把天台變成瞭望台，讓軍事迷近距離觀察戰機升降。震耳欲聾的戰機起落聲，不習慣的人也許會覺得驚心動魄，軍事迷則肯定過癮非常。瞭望亭還附帶出售各種軍機模型及紀念品。

說美軍基地是沖繩旅遊景點未必人人認同，但說它們是過去幾十年來沖繩政治社會爭議的焦點則肯定沒人反對。駐沖繩美軍的軍紀及違法問題(包括醉酒駕車撞死人、強姦沖繩婦女學生)固然矚目,一再出現的軍機演習事故(有直升機在那霸沖繩大學校園墜毀)同樣備受關注;而要求美軍把偌大的軍事基地遷離沖繩更成為美日兩國、日本政府與沖繩縣政府幾十年來角力的熱點。

在美國政府、日本政府(特別是安倍政府)而言,沖繩基地是兩國安保合作的基石,是日本作為美國亞太主要盟友的承擔,基地不是有沒有的問題,而是該不該搬到一個偏遠地方以避免引發沖繩人反感的問題。對日美政府高層而言,只須把接近人口稠密地區的普天間基地順利搬遷到沖繩邊野古就算是解決了問題,可以business as usual,讓沖繩成為美軍不沉的母艦,維持在西太平洋、東北亞的威懾力量。

可對沖繩居民以至部分日本本土民眾而言,作為美國不沉母艦的責任太沉重了,也大大扭曲了當地的發展與社會經濟結構,並讓戰爭成為沖繩天空上不散的陰霾。近十多年來,沖繩居民就因此一再選出反對搬遷基地並要求美軍全面撤出的沖繩縣長,而民間抗爭活動也從未中斷;將成為新基地的邊野古就有抗爭團體長期留守,還擺設多個帳篷,到如今已留駐當地超過三千多個日子。每當日本政府開始正式展開工程包括挖掘海床、填海、抗爭人士會出動小艇包圍工程船，千方百計攔阻，希望繼續拖延。不過，沖繩抗爭者沒有採取激烈抗爭手段，不管在日本國內以至國際傳媒中都沒有太多曝光，頗有點大局已定難以挽回的姿勢。

沖繩變身美國不沉母艦充滿歷史的曲折與諷刺。從歷史看，沖繩從不是什麼兵家必爭之地，直到十九世紀後期從琉球王國變成日本沖繩的以前，群島享有超過五百年的太平，少見兵災，頗有點遺世獨立的世外桃源味道。

中國學者汪暉在《亞洲視野：中國歷史的敍述》有專章說到琉球歷史地位與她的宿命，詳細分析了琉球從王國變成日本帝國的沖繩縣，再變成美軍佔領區及軍事基地，到一九七二年再「返還」日本的歷史進程。在經濟而言，古國琉球在亞洲傳統（或以中國為中心）朝貢體系下其實相當太平安樂，即使薩摩藩在十七世紀出兵侵略當地迫使琉球對中日雙邊朝貢，琉球仍然不致陷身大國角力中，內部政治情況依然穩當，不管中日都沒有意圖把她變成自己的屬土又或是進軍其他地方的前沿基地。

在黑船訪日後，日本開國，大步走向西方主導的世界體系。這洶湧的「西潮」帶來了兩個層次的板塊移動，其一是東亞傳統的朝貢體系崩潰，含糊不清的屬國屬土關係被西方式、萬國公法式的主權國家取代；其二是日本開始學習西方帝國主義式的擴張策略，並以此作為推進國家發展及提升地位的主軸。第一層轉變令琉球失去大國（中日）夾縫生存的空間，不能再以朝貢及名義上的歸屬保留相對自主性，必須有更清晰的歸屬。第二層轉變令琉球變成日本向外望及擴展勢力的第一步及試金石，明治政府廢琉球藩，把她併入日本版圖正是日本走向西方式帝國主義的第一步。

琉球作家比嘉春潮一九一〇年聽到日本合併朝鮮後說了這番話：「人曰，琉球為長子，台灣為次子，朝鮮乃三子。嗚呼，琉球人常受其他府縣人之輕侮，如今又多了一個失去故土之地」。比嘉春潮的慨嘆是琉球被日本吞併後三十年的事，但他的感慨也清楚看到沖繩是如何被近代東亞大變局吹得東歪西倒：既是日本向外侵略的試金石，又成為美日決戰之地，二戰後則成為圍堵蘇聯、中國的防衛鏈上最大、最重要的軍事堡壘。

二戰後沖繩的地位及歸屬問題其實有過一番轉折。據汪暉的考究，一九四三年開羅的（中、美、英）三巨頭會議曾詳細討論戰後亞洲的安排，包括如何處置日軍佔領地。代表中國出席的軍事委員會委員長蔣介石除了強調東北、台灣等日本自甲午戰爭以來的佔領地要歸還中國外，也有考慮過琉球、朝鮮的情況，並曾跟羅斯福總統商談。

蔣介石在他的日記及官方文件中一直把沖繩跟台灣分開，認為她跟朝鮮的地位比較類似。他心目中的方案是讓沖繩成為國際共管地或由中國代管，到適當時候再處理最後歸屬。但在商談過程中他清晰感受到美國有意在西太平洋留有駐軍及基地，沖繩是最可能的選擇，他因此沒有積極要求讓沖繩由國際共管或變成非軍事化地區，而是含糊的表示琉球可由中美共管（實質是由美國軍事佔領）。要是當年蔣介石堅持正式討論琉球前途問題，琉球的命運也許不一樣，是否重返日本版圖也是未知之數。

只是正如汪暉所言，中國及蔣介石既無抗拒美國的力量，也無反對美國的意志，琉球二戰後的地位只能按美國的戰略需要辦。日本投降前美國已經全面佔領琉球，打造基地作為進軍日本本土的跳板。日本投降後不久冷戰開打，加上中國大陸由共產政權掌控，日本包括沖繩的戰略地位就此底定，日本從死敵變成最可靠盟友，沖繩則從轟炸目標搖身變成有用的軍事及後勤基地。

一九七二年美國結束對沖繩的佔領，把主權、行政管理權交還日本政府，日本方面稱為「沖繩返還」。然而，「返還」沒有改變沖繩作為美軍不沉母艦的角色，群島有兩成面積是美軍基地，七成以上駐日美軍就在沖繩駐紮（沖繩僅佔日本國土總面積1%），這樣的部署，這樣的角色在可見的未來看不到有任何轉變。只能說，從明治年代開始飄到沖繩群島上空的戰雲沒有因時光流轉散去，而是徘徊糾纏，令陽光明媚的小島始終擺脫不了戰火陰霾。

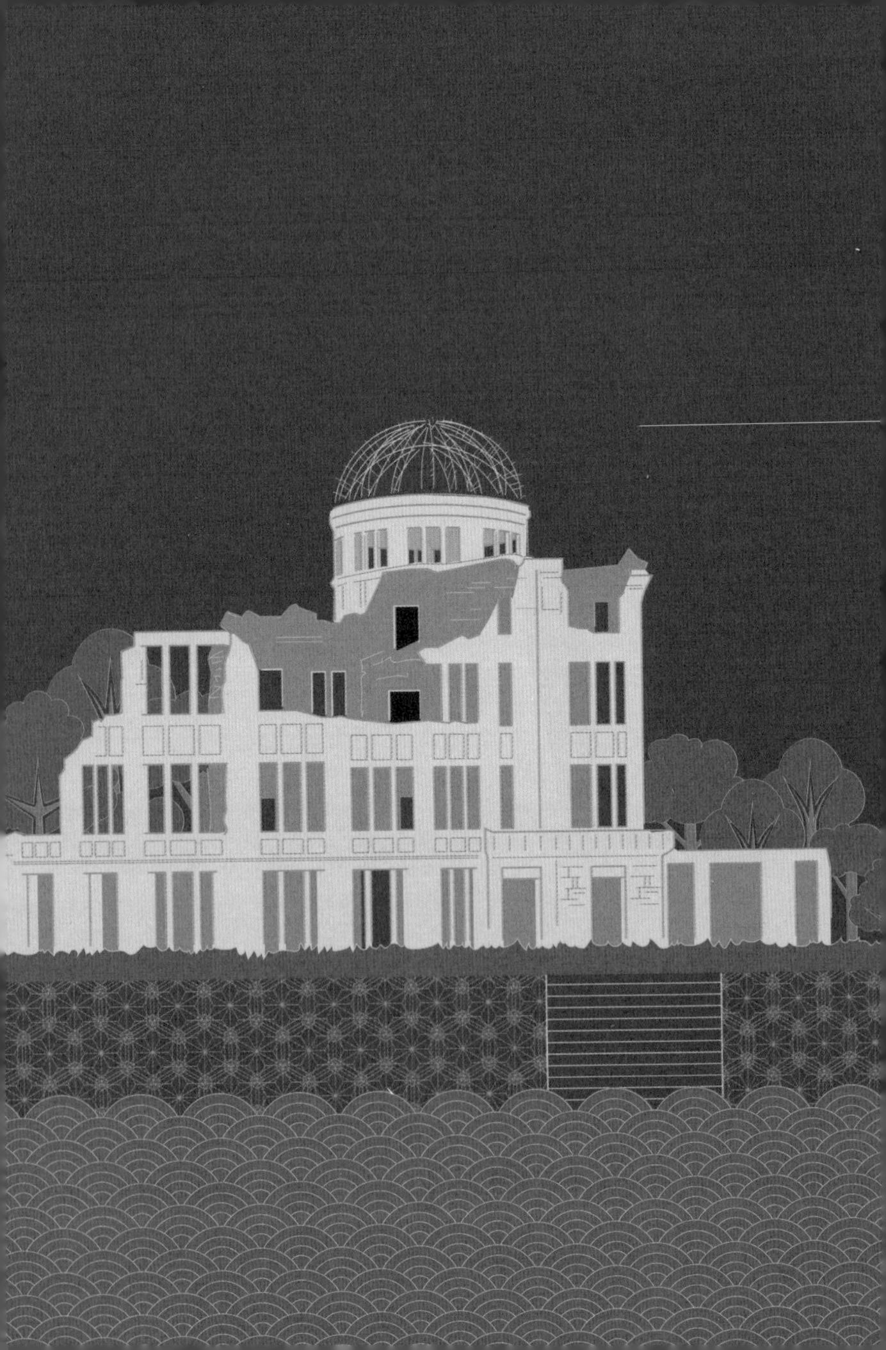

第六章 火浴重生的鳳凰

第六章

火浴重生的鳳凰

漫遊日本歷史現場，有兩個地方不能不去。第一個是位於瀨戶內海，二次大戰被原子彈炸成廢墟的廣島；另一個是二〇一一年三月十一日受八級地震及海嘯蹂躪的日本東北災區。

想成就歷史奇蹟，需要有直視挑戰，敢於接受新思想的氣概；需要有讓新生事物發芽滋長的土壤；需要有不問付出向標竿直跑的人；更需要有在挫折、災難後重生復起的韌勁。廣島與日本東北寫下的正是毀滅級天災人禍下重新站起來的故事，教人嘆息也讓人佩服。

告別原爆廢墟的廣島

每次看廣島舊住友銀行門外那「人形黑影」的照片都有點難以置信的感覺。那天（一九四五年八月六日）早上八時十五分，這位不知是先生還是女士的「黑影」也許在等候銀行開門提款，也許要到銀行商借款項周轉，又或是銀行職員準備上班，又或只是路過在那兒歇歇腳……實情如何大家已不得而知，唯一知道的是剎那間一個活生生的人就灰飛煙滅，屍骨無存，只餘下一個影子烙刻在石階上，家人、朋友、同事大概不知道「他」成了影子。

今天，無名影子只留在廣島平和紀念館的照片上，住友銀行早已拆掉，石階也不見了，原爆遺跡只剩下依稀仍有當年樣子及結構的廣島工商「產業獎勵館」（Industrial Promotion Hall）。到廣島旅遊經過市中心的話，很容易就會看到這座被二萬噸 TNT 炸藥及原爆衝擊波蹂躪過的圓頂四層樓建築物。繞着遺址走，可以從斷垣殘壁遙想當年「獎勵館」的內外情狀；七十多年前它是市內有氣派的建築，也是廣島市工業實力的象徵。為了盡量保存建築物原狀及展示原爆威力，日本政府只清走部分頹垣敗瓦，留下了些樑柱台階。當天在會館的工作人員（不知有多少人）卻大

廣島縣廣島市市中心的原爆遺址。

有可能像住友銀行外石階的「黑影」般屍骨無存，因為原爆的剎那方圓五百米即時成為攝氏四千度的高溫煉獄，燒得扭曲的鋼筋隱約述說了他們可怕的遭遇。

紀念原爆及悼念受害者的平和紀念公園就在會館遺址旁邊。公園面積不算大，大概只有沖繩摩文仁的平和紀念公園一半左右，展示的資料也不算多，公園兩旁的行人步道擺放了大量的雕塑及藝術品，有的以母與子遠望前方的造型為和平頌禱，有的記錄原爆死者的苦難，有的重塑原爆的煉獄。原爆遺址前有一塊大的石頭，只有「慰靈」兩個字，沒有別的訊息、題字或解釋，石碑前有兩根及膝的空心石柱，每天都有人把新的花朵插在柱內，向二十多萬原爆死難者致意。對於沒能逃過人類史上第一顆原子彈的人們來說，除了「慰靈」兩字外，委實沒有什麼好說。

路旁還有其他由不同團體、不同群體豎立的碑石，有的紀念當時已成市政府「職員」的學生，有為廣島市郵便局職員豎起的「殉死之碑」，還有為來自日本其他縣市戰歿者設立的紀念碑。總之，沿着平和紀念公園兩旁走着，盡目看到的都是悼念的石碑，展現對逝者的誌記。公園內還有一個不算大的原爆資料館，收藏了不少原爆後的物品、照片、資料，包括攝氏四千度高熱下變得不成形的鋼筋、金屬器皿、燈柱、家具；有在八月六日八時十五分停下了的鐘錶，有燒破了的衣服、鞋襪。

更多的是照片。大家看時得有些心理準備，有的影像只能以慘不忍睹形容，燒成炭的屍體，沒有臉面的人奄奄一息倒在地上，滿面「熏黑」的民眾倉皇找水降溫；還有原爆後重傷母親盡最後努力餵餔嬰兒，滿身燒傷垂死的孩子，中輻射毒身患惡疾只剩稀疏頭髮的少女……一幀幀黑白照震撼非常。年前到華盛頓、柏林的Holocaust Museum，以及Auschwitz納粹集中營看過一些相當駭人的影像，有如山堆積的被害者遺物如頭髮、義肢、眼鏡、鞋、日用品等。這些景象教人不寒而慄，可看到廣島原爆紀念館的相片、展品仍禁不住心頭大震，久久不能平服。

那一回在紀念館留了超過兩小時，心像被綁上沉重的鉛那樣不住往下沉，連空氣都變得沉重，好像走進了暗黑的地道，沒有盡頭；眼前只有黑暗與黑暗，無助與無力，還有平民的苦痛呻吟。走出資料館時長長的呼了一口氣，再深深吸了一大口外頭的空氣，才開始擺脫那份沉重，感到下午溫暖的陽光。在陽光走了好一會，回到市中心的百貨公司大樓，總算驅走心頭的寒意，確實從陰暗歷史場景回到初夏明媚的廣島街頭。

離開平和紀念公園及原爆紀念館，走在廣島市中心、街頭，其實已看不到其他原爆或戰爭的痕跡，貫穿市街的有軌電車叮叮走着，Sogo百貨公司大樓就在原爆遺

從這角度望往原爆遺址，彷如步入歷史。

址幾百米外，進出購物、閒逛的人熙來攘往，就跟其他日本城市無異。若果用天幕把原爆遺址蓋起來，根本不容易想到這裏曾經發生過這樣的巨變慘劇，也難以明白為何美國一九四五年會首先選擇廣島作為原子彈攻擊的目標。

美國是在四十年代初，大批德國量子、核子物理學家逃難進境後才積極開展研發原子彈，直到一九四五年七月中，美國科學家及軍方才在加州洛斯阿拉莫斯沙漠成功試爆了第一枚原子彈，確定它的威力及穩定性（至少不會在運載、裝卸途中爆炸，造成自身重大傷亡）。

原子彈試爆展示的威力比預期大，負責檢查及蒐集數據的科研及軍方人員發現半公里範圍內寸草不生，衝擊波速度接近音速，兩公里外蓋搭的建築物毀爛不堪，輻射塵覆蓋十公里半徑範圍。美國總統杜魯門當時剛結束波茨坦（Potsdam）三巨頭會議回國，會議確認要求日本無條件投降，蘇聯並已承諾向日本宣戰及盡快對日本關東軍發動攻勢。杜魯門坐戰艦回美國途中接到原子彈試爆成功的消息，他禁不住高興向隨行官員及幕僚宣布消息，說現在有望早日結束太平洋戰爭，讓大兵們回國「Let the boys go home」。

學者對美國動用原子彈這種超級大殺傷力武器對付日本一直有不同的看法以至

批評，有的說美國政府及軍方執意在對日使用原子彈是為了在真實的戰場做試驗，看看它的實際殺傷力有多大，好進一步改良加強。有的說美國內部在歐戰結束後厭戰情緒開始高漲，必須盡快結束戰爭以免內部支持轉弱。最流行的質疑則是指原子彈是要「敲山震虎」，挫折日本抵抗意志外更是放給冒起中的蘇聯看，讓她知道美國的厲害，在戰後重塑國際秩序的時候不敢跟美國對抗。當然，也有不少人認為使用原子彈主要是軍事上的考慮，避免登陸作戰造成美軍及盟軍過大傷亡（以沖繩戰後估算，美軍進攻日本本土死傷可能超過一百萬）。這些爭論到現在還沒有平息，甚至永遠不可能平息。

不管美國政府高層特別是總統杜魯門背後有什麼戰略與政治盤算，軍方在成功試爆前已開始部署具體如何動用這超級武器。經過多次會議後，美國軍方在一九四五年六月選出五個可能的目標：廣島、京都、橫濱、小倉、新潟，其中京都及廣島列為AA級目標，即價值最高的目標。京都既是日本文化歷史中心，附近又有重型軍火工業，可以對日本造成重大實質及心理影響。廣島是個重要軍港及工業大城，三菱重工就有大量軍工廠、造船廠在廣島市，加上油庫設施，所以被選為轟炸的優先目標。其他幾個城市同樣因為擁有軍工企業、油庫及港口設施被選中。

六月十四日改變了京都、長崎兩個城市的命運。在那一天，美國軍方高層決定把京都排除在目標外，有資料顯示美軍作戰部長史汀生曾在京都蜜月，不想破壞此古城；也有資料說是美國陸軍情報部日本專家偏愛京都，所以把它從轟炸目標中篩走。但不管如何，總之京都幸免於難，長崎則補上了京都的位置。一念之間，京都這千年古都得到保存，長崎則不幸成了人間煉獄。歷史的偶然與無情，除了唏噓還是只有唏噓。

若果說長崎是連串偶然與不幸被選中，廣島在美軍情報以至決策者眼中卻始終是投放原子彈的AA級或首選目標，從未動搖。廣島的噩運委實令人嘆息，也許該重踏廣島的歷史軌跡看看跟噩運可能相關的線索。

根據京都大學教授金田章裕在「日本・城市力」的考究，四百多年前廣島大部分地區，包括原爆原點周邊地區仍在海平面下，其後逐步由多條河川沖積形成。一五八九年重要「大名」毛利家的毛利輝元在沖積三角洲高台興建新城池，改稱為「廣島」，自此開始了城市的歷史。在一六〇〇年的關原之戰中，毛利輝元擔任西軍總大將，西軍戰敗後毛利氏失去了大部分領地包括廣島。

進入江戶時代，德川幕府把日本列島打造成一個分工仔細，內部貿易頻繁的經

看到今天廣島市的熱鬧，很難想像它曾受原子彈摧殘。

濟體系，廣島位處連接九州及瀨戶內海航路的中心點，令它盡享貿易之利，一躍成為瀨戶內海最大商業城市。到幕末時期，廣島的藤屋吳服店（和服店）規模與大阪的三井、京都的大丸不相上下。

到明治維新後，廣島的發展加快，當中軍工企業、軍港的發展成為主要推動力。日本海軍自一八七五年開始在各地設置鎮守府，作用與軍區一樣，負責東、西日本的海防。其後日本擴大海軍編制，到一八八六年制定海軍條例，在日本國內設定五個海軍軍區，軍區設立鎮守府及軍港，除了原來東京灣的橫須賀鎮以外，最先設立的是吳鎮守府及佐世保鎮守府（一八八九年），吳鎮守府正正在廣島縣內。其後在一九〇一年再設立舞鶴鎮守府。第五個原本計劃在北海道言葉設立的鎮守府則因經費及需要等問題最終擱置。

在未劃定為鎮守府以前，廣島的關浦已被海軍高層列為重點根據地及造船基地。一八八一年，當時的海軍大臣川杜純義向內閣提出在國內設造船廠令日本自造軍艦，其中一個可能的選址正是廣島縣的關浦，到一八八三年海軍中校肝付兼行在受命實地調查後建議在關浦建立海軍工廠及船廠。再加上後來被劃為鎮守府，廣島自此後集海防與軍工基地於一身。日俄戰爭中大破俄羅斯波羅的海艦隊，成為日本海軍戰神的東鄉平八郎跟廣島緣份非淺，他是吳鎮守府第二代參謀長，積極推動吳海軍工廠的大力發展。

第一艘在廣島吳海軍工廠建造的軍艦是通訊艦「宮古號」，其後陸續有自造軍艦下水，包括頭兩艘日製裝甲艦、一級巡洋艦「筑波」、「生駒」號。其後，吳海軍工廠更投入研發潛艇技術，建造10、11、12號潛艇原型。

軍工業、軍港發展外，日本明治維新以後第一場重要對外戰爭——甲午中日戰爭也跟廣島有密切關係。決定開戰後，日本軍方大本營就設在廣島，明治天皇多次到大本營主持御前會議，聽取軍情滙報及為和戰作最後決定。根據甲午戰爭期間任外交大臣的陸奥宗光在《蹇蹇錄：甲午戰爭外交秘錄》這本半自傳式的著作記述，一八九五年一月日本海、陸兩軍在朝鮮半島及黃海大捷後，日本內閣大臣及軍方高層包括明治天皇代表有彰仁親王、總理伊藤博文、海軍大臣西鄉從道、陸軍大臣山縣有朋等就在廣島大本營舉行御前會議，商討日方在中日和約的談判立場及態度，包括如何應對清廷第一次派到廣島的兩位全權特使：侍郎張蔭桓及湖南巡撫邵友濂。在這場廣島御前會議上，日方很快就決定以兩人未具備全權代表授權及資格而拒絕與二人談判，中日廣島談判兩天之內就無功而還。

其後李鴻章在三月以清廷全權議和代表到達下關（馬關），日方全權代表伊藤博文及陸奧宗光也是從廣島出發到下關談判，明治天皇及主要政府內閣大臣則留在廣島大本營了解外交、軍事兩方面的進展。到李鴻章在三月二十四日和談後在回旅館的路上遇襲，身受重傷，伊藤博文立時從下關趕到廣島大本營向明治天皇及內閣大臣、軍方高層滙報情況，終於同意李鴻章提出先簽署停戰協定的要求，日軍停止向內陸前進，到三月三十日簽署停戰協定，中日《馬關／下關條約》則在四月十七日簽署。

在翌日，伊藤博文及陸奧宗光乘坐軍艦八重山號從下關回到廣島，然後直接前往明治天皇的行在參見天皇，滙報談判過程及條約簽署結果，再奏請他御准。從這個歷史片段可以看到，在明治政府對外軍事經營及擴張軌跡中，廣島儼然是戰時指揮中心。

踏入二十世紀，廣島的重工業、軍工業進一步發展，當中吳海軍工廠技術大幅提升，有力建造更大型的軍艦包括主力艦，例如排水量近三萬噸的巡洋戰艦「金剛」號。有份參與偷襲珍珠港的赤城、蒼龍同樣是吳海軍工廠的產物。不過，吳海軍工廠最著名卻也是最悲情的傑作莫過於被視為日本海軍王牌的戰列艦／主力艦，排水量六萬五千噸的「大和」號。

稍稍說一下大和號的歷史，這艘二戰軍事迷耳熟能詳的巨艦是在一九三三年開始籌劃，一九三七年八月海軍省正式下令建造這艘據說集當時最先進造艦技術於一身的戰艦，同年十一月，吳海軍工廠正式動工。一九四〇年八月即三年後，巨艦正式命名為「大和」。到一九四一年十月試航成功後隨即在十二月入列，編入聯合艦隊第一戰隊，第一代艦長是高柳儀八大佐。

其後大和艦多次從廣島基地出航參與多項海軍戰鬥任務。但當時海戰已跟日俄戰爭或二三十年代的巨型炮艦對戰不一樣，海戰往往由航空母艦決勝，大和號幾次任務都只是輔助、支援性質，沒有立下什麼戰功，倒是在一九四三年十二月在橫須賀出港後不久受到美軍潛艇的魚雷攻擊，右舷受創要回吳海軍工廠修理。大和號最輝煌的時刻要算一九四二年至四三年二月的一年間，它被定為日本聯合艦隊旗艦，成為總司令山本五十六的指揮中心。

一九四四年大和艦出港參與「捷一號行動」，準備在馬尼拉灣與美國海軍決戰，但在美軍航母猛烈攻擊下捷一號行動失敗而回，大和艦在幾乎沒有直接介入後回航。它在一九四五年三月二十八日最後一次離開吳鎮守府出港，四月被作為日本第二艦隊旗艦率領其餘九艘軍艦(以輕驅逐艦為主)出港,經過九州與四國的海峽前赴沖繩參與稱為「沖繩特攻」的作戰計劃,希望可阻擋美軍在沖繩登陸及進攻。四月七日艦隊在九州西南郊外海被美軍偵察機發現行踪,美軍艦隊的戰機隨即發動多輪空襲,從清晨六時開始到下午,一艘巡洋艦、兩艘驅逐艦首先沉沒,到十時左右另外兩艘驅逐艦沉沒,大和號則已受重創,終於到當天下午二時三十分沉沒,了結一代巨艦的命運。

一九四五年八月六日原子彈轟炸廣島對吳海軍工廠破壞不算大,主要是衝擊波帶來的破壞,倒是較早前美軍空襲帶來的損失更嚴重。不過,二戰結束並沒有完全終結吳及廣島的軍事角色。韓戰期間,美國及英聯邦軍隊就一度以吳市作為基地,派駐軍隊及使用當地軍事設施。到一九五六作為盟軍佔領軍的英聯邦軍撤走及交還全部設施,由日本海上自衛隊接收;日本海上自衛隊把吳定為地方統監部。至於原本的海軍工廠及設施則轉為民用、商用的造船、修船廠,一九七五年建造的十萬噸級運油輪「日精丸」就成為軍轉民的代表。

走在今天的廣島街頭,大家再也嗅不到戰爭的硝煙味,只有原爆遺址還留着,叮叮在響的電車為鬧市帶來一份沉穩與萬日如常的節奏感,只希望這份平穩以後能保持下去，而每年八月的大型和平紀念活動也能辦下去，讓所有人都不會忘記戰爭的慘禍及平民百姓曾付出的沉重代價。

311大地震後的石卷市

一家叫「福田」的民宅孤零零在宮城縣石卷市臨海的荒地上佇立，屋子的結構還在，門、窗已殘破不堪，屋外圍上警誡用、「立入禁止」的帶子，只能從外頭稍稍窺探一下巨災留下的痕跡。最先映入眼簾的是倒在地板上的老式大鐘，鐘擺已沒再左右晃着；鐘的兩根指針還在，短的一支落在2跟3之間靠近3字的位置，長的一支則指向9字與10字之間。二〇一一年三月十一日，日本東北大地震引發的海嘯橫掃沿海城鎮包括石卷市就在2:46 的時候。大鐘停擺大概也在那個時候，只不知屋內各人命運如何。

到石卷市採訪、觀察311災後重建是二〇一二年十一月底十二月初的事，震災及海嘯雖已事隔二十個月，「自然巨獸」威力仍四處可見，災場未完全清理，被高達九米「大津波」（海嘯）蹂躪過的近岸地區荒蕪一片，個別未倒下、未拆毀的房屋孤零零留在荒原，令災場倍添淒涼寂寥，遇上月暗星稀的靜夜肯定教人心寒不已。負責接待記者的石卷市政府人員很細心，在帶我們實地觀察前先放了一段311地震海嘯侵襲石卷市的片段（由不同閉路電視、居民拍攝），讓大家重溫當天巨災的破壞力。

不是第一次看海嘯的片段，也不是第一次看到那道濁黑的洪流如何吞噬擋在它面前的汽車、建築物、人……（311後有好幾個月不時看到相關的片段、照片），但回到災難現場「再目擊」災情又是另一回事。片段中看到剛剛坐車經過的道路及荒地，在311那天早上開車經過的話，只會看到初春的綠意，規劃一絲不苟的住宅區，彷彿萬日如常的平靜。可惜，萬日如常只是隨習慣形成的幻想。日本列島腳底下的是移動頻繁的地殼板塊，它們一騷動地貌就會急劇改變，平靜的小鎮風貌隨之面目全非，學校不再是學校，書店不再是書店，安居的民宅不再平安，二十四小時經營的便利店全天都黑漆一片，貨架東歪西倒……

採訪的車子停在一座門窗盡破、熏得灰灰黑黑的建築物五十米外，市政府官員說這裏本是市立門脇小學，地震海嘯那天幸好校方及時採取避難措施，三百一十五名學生及四十名家長逃到後山而存活；但仍有七位剛放學的學生罹難。不過，校舍附近的汽車汽油引燃發生爆炸，大火波及校舍，燒了三天才總算熄滅。

走近形同廢墟的門脇小學遺址，學校正門刻有校歌的碑石總算仍屹立着，碑石周邊則已破損不堪，想是隨海嘯湧來的硬物、雜物直接撞擊的結果。校歌的片假名歌詞看不太懂，問陪同人員才知道是鼓勵學生努力學習，不負所託……校歌旁邊是個背了行裝的石像，有心人在它頸上掛上獎牌，大概是紀念校慶的一點心意。學校入口已被膠帶封住，但即使不圍封大概也不會有人走進那布滿雜物、燒毀了的校舍吧！入口門前的石楷擺上了一些悼念的毛公仔、花束與心意卡，雖已是一年半以前的事，師生、家長對罹難的同學、對原來的學校及校園生活依然不捨。

市立門脇小學變成廢墟般的存在當然教人難過，可受創最深的還不是門脇小學，而是距離海岸有四公里遠的大川小學。當地震來襲時，沒有誰想到海嘯津波如此快如此海量的湧進內陸，師生未能及時避難，造成了石卷市以至整個東北大地震中以學校計算最慘重的傷亡。大川小學一百〇八名學生中有七十四人被惡浪沖走罹難，十三名教職員中死了十人。也就是說，全校一百二十一名師生中死於311震災及海嘯的有八十四人，比率高達七成！

那一回採訪沒有機會到大川小學，據說已豎立了慰靈碑，政府還禁制拍攝小學遺址，以示對死難師生的尊重。一家學校七成師生遇難，的確該好好尊重，避免太多滋擾。事隔七年，大川小學在二〇一八年二月底舉行正式閉校儀式，共有三百五十名學生、畢業生參與，仍註冊為大川小學學生的二十九人被送往一所新學校繼續學業。經過幾年來的反覆磋商協調，日本中央政府及石卷市政府決定保留大川小學遺址作為311巨災的標記，一方面追思逝去的師生，另一方面警惕居民、下一代防災、災害應變的重要性。不管如何，大川小學這道傷痕將會世代烙印於石卷市的土地上。

記錄311震災、海嘯破壞的書、電影、紀錄片多不勝數，自己也看了一些。印象最深的倒不是洪水四處洶湧把車船弄的東歪西倒的相片集或紀錄片段，而是一本叫《重生的書店：日本三一一災後書店紀實》的小書。作者是日本紀實文學作者稻泉連。

喜歡這本書除了因為自己愛讀書以外，也為作者及日本東北地區愛書人的努力而感動。稻泉連震災後一年走訪了受海嘯地震重創的沿岸地區包括石卷、氣仙沼、大槌町、陸前高田……等村市町，焦點不是一般居民日常生活有何變化，重建有何進展，而是當地書店、出版業受到多少影響，會不會因此關閉，會不會令當地居民、學生從此無讀書，動輒要到幾十公里甚至百公里外的大城市找書本。

看罷小書清楚感到愛書人的堅持及小鎮的強韌，位於石卷市的金港堂書店店長武田先生海嘯後第二天就回店察看情況，發現大量書籍散落地下，還積了二十公分的污泥，進不了店也不可能收拾，只得眼睜睜的離開。十天後他開始組織員工清理書店的污泥雜物，尋找還未破壞的書特別是教科書。對他來說，就算書店暫時沒法繼續營業，也希望能將教科書送到孩子手上（日本是春季開學，幾星期後就是新學年，此時教科書特別吃緊）。一個月後，金港堂石卷店成功把數萬本教科書送到學校，送到開課的學生手上。

在教科書全數發出五天後，店長及職員終於清空了一樓，讓金港堂書店正式恢復營業，約四分一空間陳列着補入的雜誌、文庫本、漫畫……也有大量有關311震災報道的雜誌專輯，好讓不管住在避難中心還是自家的石卷市民每日為日常生活張羅、奔波外，得保有心靈休歇的空間，有望向遠景的窗口。武田店長說：「很多客人跟他說，看到《雜誌報道》這麼多人受災，每天過得這麼痛苦……他們也開始轉念，知道不是只有自己在受害，想跟大家一起，齊心協力重建地方。」

除了金港堂以外，311震災中石卷市還有另一家叫Yamato的書店幸存，可以在災後不久就恢復營業。店長津田在震災後被困在書店附近的避難處，四天後才由自衞隊救回。他在清理店面後決定盡快恢復營業，在三月三十一日這家Yamato書店就成為石卷災後重新開業的第一家書店，當時津田店長以為大家都忙於其他生活必需，書店重開也未必有什麼作用，也不會是居民／災民最需要的事。誰知出乎意料之外，書店宣布重開當天早上已有很多人排隊等待開門，到十時開門後店內擠滿了人，寸步難行。「看到客人從人牆後方伸出手拿雜誌的景象，我充分感受到『人不能只靠麵包過活』這句話的道理。」只是，營業初期由於道路不通，經銷商不能運貨補充，書架很快就顯得零落蕭條。他記得，賣得最多除了震災主題的雜誌外，還有食譜、手作編織書、感謝函與明信片合寫範例大全、感動人心的追悼詞……等。在那樣巨大的震災前，禮數還是不能缺，感謝人家的協助，追悼往生的親友、鄰居、同事還是要得體合規，不能馬虎了事，以示對幸存者、往生者的衷心尊重。

為災區復元努力的人還有書經銷批發商，他們在地震海嘯巨災後第三天就開始盡力跟受災的書店聯絡，看看如何提供幫助。位於東京的中央社是其中之一，負責推廣的齊藤進先生在電話中聽到最多的話是：「我家人都沒事，可是書店沒了。」又或是「商品沖走了，庫存都濕了，我們該怎辦才好？」這位齋藤先生每次都回答說：「我們一定會幫助你重新站起來，千萬不要放棄。」可是說話歸說話，到實際看到災情及現場幾近絕望情景時，他坦白說「我真的好想哭」。但他還是跟同事們全力協助尚有意願、決心重新開店的書店東主，在道路、鐵路未恢復前就開始為書店補貨，運來雜誌、繪本、文庫本……等，讓災後重開的書店有再次站起來的本錢。

只是，想支持也困難重重，災區主要道路重新開通得花上比預期長的時間，再加上福島核事故不斷升溫，東北地區災後支援、清理、重建過程更漫長，連食水、食物供應也非常緊絀。即使在災後一個月，東北災區很多超市的食物架仍然零星落索，經銷商要為書店補貨也未必找到足夠的物流貨車，只能見步行步。

辛苦掙扎到二〇一一年秋冬以後，受海嘯重創的東北三縣（岩手、宮城、福島）總算開始站穩腳根。愈來愈多書店陸續重開，還有人特意在災區開新的書店，希望保住社區的脈絡，不會因缺乏養份（文化、思想）而枯萎。

岩手縣大槌町有這樣的故事。在當地化學藥品廠工作的木薰先生知道大槌町原來的兩家書店在災後（海嘯加火災）無法繼續營業，鎮上居民特別是學生隨時自此失去可以悠悠看書的地方。他因此毅然捨棄工作，與妻子里美籌備在町內開設一家新的書店，希望填補空白，為社區盡一分力，夫婦倆把書店稱為「一頁堂」。

二〇一一年十二月二十二日「一頁堂」正式開幕時，里美小姐說了這樣一番話：「大槌町因為地震與海嘯失去了許多寶貴生命，為了不愧對消逝的生命，我們一定要帶着感謝的心情繼續生活，努力工作，為大槌町展開一頁全新的歷史。」

就是這樣，木薫先生與里美小姐這對全無營運書店（或任何商店）經驗的夫婦開始一邊學習一邊經營，還得靠書籍經銷商代表的指導、協助，包括如何替換雜誌位置，如何退貨與上架，如何計算一天的營業額……等，大大小小的難關麻煩夫婦倆都得自己一手一腳克服，以重建他們心愛的社區努力。

到今天，一頁堂書店已開業超過八年，夫婦倆已從當初心口只有「勇」字的新手變成熟練的經營者，除了銷售新書、雜誌及文具外，書店跟社區、町內學校已建立緊密聯繫，不時參與協辦活動，推廣閱讀之餘也關懷社區。

像這樣的勵志故事，在311震災海嘯後的確不少，事隔多年受災嚴重的三個縣重建、恢復工作已有相當進展，除了福島核電廠附近範圍仍處於隔離／封鎖範圍，繼續變成禁區、荒地外，其他受創的市町已漸漸恢復正常生活，住在臨時救災房屋的人數大減。以石卷市為例，避難人數在最高峰時（二〇一一年三月十七日）達到五萬〇七百五十八人，入住緊急房屋的居民則有一萬六千七百八十人；到二〇一八年初，居住在緊急房屋的人已不到二千人；因房屋損毀暫居臨時安置所及民間租賃住宅的災民則從三萬二千多人跌至不到五千人。受損毀的公共設施如學校包括大川小學、門脇小學等有的已閉校讓學生轉到新學校，門脇小學則已合併到大原小學，其他如渡波小學、漢初中學則在二〇一四年回到修復了的原來校舍上課。

311巨災的市町重建及社區復建工作需要錢、資源，更需要人及留下來堅持的勇氣。在日本東北的受災小鎮，堅持為自己社區奮鬥的人和勇氣並沒缺少，都在努力打拚。但願不久將來，東日本沿岸城市町村能完全恢復過來，存留原來的風貌及市町生活。

第七章　字裏明治

第七章

字裏明治

明治維新、日本開國在日本以至整個東亞地區都是劃時代的大事，說是一場政治社會及靈魂深處的革命也不為過。要了解這場巨變及它的影響，當然得到歷史現場走走看看，添點血肉的感覺；還有一個辦法是走進寬廣的文字世界，好好讀讀有關這場歷史奇蹟的故事。

說明治故事的書多不勝數，從個人經驗到宏觀歷史流向的都有，想讀多少有多少。有從軍國主義角度宣揚明治精神偉大的作品，也有以普世價值批評明治世代但求富國強兵抑壓民權的書。有的細述幕末權力鬥爭與英雄事跡，也有從資本主義世界體系理論回看明治巨變如何令日本成為體系一員。對明治維新故事有興趣的人不管立場、背景如何都能找到想看的書，覓得有趣的文字紀錄，怕的只是「吾生也有涯」而矣。

窮盡明治歷史的海量書籍既不可能，也許可考慮從兩本有代表性的書入手。一本是日本「國民作家」谷崎潤一郎寫的散文集《陰翳禮讚》，另一本是明治時代外交大臣陸奥宗光寫的《蹇蹇錄：甲午戰爭外交秘錄》。谷崎潤一郎不用多介紹，喜歡日本文學、電影的都必然看過他的作品，《細雪》的細膩韻味就像有Vintage的蘇格蘭威士忌那樣，齒頰留香，久久不散。陸奥宗光是中日甲午戰爭時的日本外交大臣，李鴻章在馬關（日本稱下關）春帆樓簽的城下之盟《馬關條約》，陸奥宗光就是日方代表之一（現時日本外務省外交史料館還展示着《馬關條約》文本，上面就有他以毛筆簽上的名字）。

兩本書風格截然不同，《陰翳禮讚》頗有點專欄文章結集的味道，記錄了谷崎潤一郎對明治維新後的觀察、隨想、抱怨以至不忿，充滿生活情趣之餘又能從微觀、個人層面看到明治開國對日本日常生活、文化以至美學的衝擊。陸奥宗光說的是甲午戰爭前後日本的外交形勢，與中國「商議」及簽訂《馬關條約》的過程，此外還有俄、德、法三國干涉日本放棄遼東半島的細節，清楚縷述日本政治精英真正面對realpolitik[1]或實權外交時如何五味紛陳，進退維谷。

1 現實政治

最難得的是，兩本書可說是作者對明治時代內外巨變的第一身、第一手紀錄，就像個人私日記那樣沒有多少修飾，沒有矯情造作，充滿直話直說的味道。想知道明治維新的真象及對個人帶來什麼衝擊，沒有比看親歷者的「日記」那麼傳神生動，有血有肉的了。

谷崎潤一郎的《陰翳禮讚》

谷崎潤一郎著作甚豐，隨便數一下就有《細雪》、《春琴抄》、《痴人之愛》，還有出位之作《瘋癲老人日記》，算起來《陰翳禮讚》還不是他的代表作。不過，《陰翳禮讚》是文豪的生活隨筆，披露歷經明治到昭和巨變的他有何體會，有什麼感想；相比他的小說創作更能反映明治以來日本社會、文化傳統的變遷。

《陰翳禮讚》日文初版一九三三年面世，其後有多個版本。繁體中文版二〇〇七年首次面世，由台灣學者李尚霖先生翻譯，這裏介紹的正是李先生的譯本。

先當一下文抄公，節錄谷崎潤一郎在書中談明治維新如何糟蹋日本料理的話，讓一眾「哈日族」想想自己是否達到他的境界，會不會跟他品味相近。

「日本料理如在明亮的場所，置於雪白的餐具食用，恐怕令人食慾減少大半。拿我們每天早上喝的紅味噌湯為例，考論它的顏色，就可明白它是古時代光線灰暗的住家中發展出來的東西……在曚曚的燭火下，看到湯汁沉澱在黑色漆碗裏，實在讓人覺得那顏色既引人深思又秀色可餐……那剛炊熟的純白米飯，若我們猛然揭開鍋蓋，在熱騰騰的水氣由下竄起之中，將之盛入黑色器皿，如此，那一顆顆如珍珠般泛着光的米粒入眼時，只要是日本人，任誰也會感受到米飯的珍貴。」

按這樣的標準，假若谷崎潤一郎仍在世，他走進現代著名的日本料理店、居酒屋只怕會搖頭嘆息，深覺那份燈火通明、窗明几淨不對胃口，用上大量明淨得照人的白瓷器、餐具更是煞風景，全不合傳統和食的氛圍。也許，日劇中躲在東京新宿暗角的「深宵食堂」他還願意光顧一下，那兒至少還沒有名店般「燈光火着」，天花的簡單吊燈讓店內留了有些幽暗的角落，保有點或明或晦的味道。

對谷崎潤一郎而言，日本料理不僅是看的食物（擺設、顏色別具一格），更是冥想的觸媒。日本點心「羊羹」那黑黝黝又如玉般晶瑩的顏色就像幽冥黑洞般把光收進去，教人易生各種遐想以至冥想，跟西式點心布滿奶油的膚淺不可同日而語。在或明或暗燭光吃上一口，那「如夢似幻」的微光恍似把人帶進冥想的境界。要是一室皆亮，頭上幾百火電燈影照，羊羹只像一厥混濁黝黑的軟糕，食慾登時大減，更不要提冥想了！

對經歷大規模西化衝擊的文豪來說，明治維新無疑全面改造了日本政體與社會結構，他在這些方面沒太多意見，既沒推崇也沒反彈。谷崎潤一郎在意的是生活、文化、美學，擔心一面倒擁抱西方文明把他戀戀不捨的日本傳統弄的面目全非，失了獨特韻味。

除了「抱怨」食物與食味淪陷，谷崎潤一郎對家居、衣妝、建築內外風格、屋外布置的變化都感到有點不是味兒，覺得大和品味在西洋文明沖刷下凋零落泊，守也守不住；有的徒具其形，神韻淘空，有的形神俱滅，成了失傳的學問與技巧。原來懂做的匠人、師傅消失殆盡，懂欣賞日本傳統美學的人也只剩寥寥二三，不知到哪兒找個惺惺相惜的同行者。

他慨嘆不已的還有「御手洗」或廁所革命這回事。谷崎潤一郎筆下，上御手洗的關鍵不是潔與不潔的問題，而是如何細味這人生一大樂事，如何可以邊上「大號」邊聽雨賞花鳥，冥想沉思，他說前輩作家夏目漱石就視上日式廁所為人生快事。他寫道：「日本的廁所一定建在離主屋有一段距離之處，四周綠蔭森幽，綠葉的芬芳與青苔的氣味迎面漂漾……蹲在幽暗的光線之中，沐浴在紙門的微弱反射光下……那種心情實難以言喻……總之，廁所不管諦聽蟲鳴也好，欣賞鳥語也罷，都是最佳場所；不僅宜於月夜，更是咀嚼四季不同風華的不二之選。」——谷崎可說把日本舊式旱廁提升到騷人墨客吸收天地靈氣，迎接繆斯女神（Muse）的秘境。

明治後引入現代廁所又如何呢？谷崎有的盡是嘆氣，燈光太亮，水箱馬桶等淨化設備太吵，磁磚太白，弄的四周白花花一片，跟「風雅」、「花鳥風月」完全絕緣，不要說冥想沉思，只怕禁不住「快去快回」。在他眼裏，現代四面白花花、燈火通明的衛生間好比「膚白如玉的美人將臀部或腳丫子隨便在人前展露一樣的失禮」，總教人往不潔、瑕疵的方向想，什麼風流韻事登時索然無味。

據說他自己曾希望在家的廁所多用木頭，好加添點暗沉，少點教人躲不開的瓷白。如放上一個木製的「小便斗」再鋪上青鬱的松葉，看來自然又少了點教人在意的聲響。可惜，打造木製的小便斗既麻煩又所費太貴，不得已只好放棄這份日本生活情趣。

洗手間之嘆以外，谷崎潤一郎對西方現代文明全面改造日本家居、生活面貌有說不盡的不忿。日式的房舍居室用上紙門紙窗再加上屋簷與走廊，令陽光得迂迴曲折才能登堂入室，原本的鋒芒至少得挫折二三，室內物事與人不致纖毫畢現於人前，總留有晦明不一的餘韻教人精神放鬆，物事與人在溫柔的光影下則往往添上幾分風華，少一些落泊，盡是柔和之美；還未算上日照、燈火映襯的影子交疊帶來的驚喜。在這樣的和室掛一張畫，擺一個花瓶，一室雅致，讓滿室在光影及留白中盡是幽雅與舒泰。

西方文明一到，大家趕緊把天花板弄得雪白，還到處裝上刺目的電燈，乳白的玻璃罩，照得一室瓷白亮，任何角落的陰影都被驅除得一乾二淨，再加上燈火散發的熱折射四處，整個居宅不但失去了原本的柔和婉約，夏天時更是熾熱難當。

再來的敗筆要數玻璃窗與電話，玻璃窗取代紙糊的窗雖然有保安的好處，但盡失和紙溫婉的氛圍。勉強外放玻璃內置紙窗的話，費用固然是問題，從外向屋內望看到的仍是普通玻璃窗，「一點紙窗獨有的蓬鬆柔和感都沒有，教人大煞風景」。電話這個現代文明之物在谷崎筆下更是形同雞肋，那根猶如蚯蚓昆蟲的電話線不管放在室內什麼角落都不搭配，跟字畫、陶器、花瓶更是格格不入，不知藏在哪裏才不會煞風景。結果，有的家庭藏到樓梯背後，有的放到走廊角落，沒辦法的只好讓它在不起眼的地方露臉，那份不協調就像在美術館展覽廳放進一台碎紙機一般。

可不要誤會，谷崎潤一郎不算是個全面反對西化的古老石山，對西方科技、文明帶來的好處與方便他會坦白承認，日常生活中也會邊心裏嘀咕邊用，有的如牙醫器械也禁不住認同人家的儀器較先進可靠，不能再用日本老式的方法。谷崎在意的是那種不問情由、不加選擇的吸納，是那種輕賤日本傳統文化、品味、情趣的態度。他心底最盼望的是日本在接納西方文明、器物科技時可以多考慮照顧日本特有的文化傳統、品味、美學，不必事事以西方之美為美。以他最愛談的「如廁」文化為例，谷崎老想洗手間用抽水馬桶沒問題，但很多細節如沖水器的手把可否用木製，可否不一室皆用潔白的瓷磚……

谷崎潤一郎的慨嘆有多少日本人心有同感難以知道，但多得他的牢騷與提醒，讓更多人明白日本文化傳統生活品味自有天地，沒理由也不該全盤否定放棄。否則在西方文化挾大炮與科技大力沖刷下，日本傳統美學與情趣剩下的東西只有更少。

陸奧宗光的《蹇蹇錄》

若果谷崎潤一郎的《陰翳禮讚》是一盤可口的「點心」，教人看得趣味盎然；那陸奧宗光的《蹇蹇錄》就像歐洲鄉郊小鎮居民冬天常吃的農夫麵包：厚甸甸，冷冰冰，硬綳綳，卻飽肚又富養份。看這本書時讀者得有心理準備硬啃豐富的一手歷史資料，不帶感情的描述；最好對甲午戰爭前後的歷史起伏轉折有點認識與看法，這樣才能真正「嘗到」書的養份與好處。就像吃農夫麵包得先弄成一片片，再配上熱騰騰的雜菜湯、牛肉清湯，不然難以細味。

不過，《蹇蹇錄》的最大好處也在於它是如此原汁原味，沒有修飾，能清楚反映作者及明治年間政治精英對鄰國、對衝擊整個東亞地區的國際秩序與關係的看法。以一位處理外事的官員而言，陸奧宗光在書中的言論、評語一點也不diplomatic，直話直說沒有什麼顧忌，就像關起門跟少數朋友或信得過的同僚閒聊那樣，令書有另類的可讀性，不必猜度作者是否話中有話。

《蹇蹇錄》是陸奧宗光一八九五年寫成，此後有多個日文修訂版及中文翻譯版，最早的中文譯本在一九二九年由商務印書館出版。今次介紹的是復旦大學日本研究中心副主任徐靜波先生的翻譯，二〇一四年由香港中和出版有限公司出版。書的副題是「甲午戰爭外交秘錄」，陸奧宗光是以個人公務日誌的方式記錄這場東亞近代史重要戰爭及相關的外交角力。他首先從朝鮮內亂（東學黨之亂）談到朝鮮的地位問題：如朝鮮是否中國的屬國、中國式「朝貢體制」的過時不符國際法等。

在陸奧宗光筆下清政府自相矛盾，不知所云：「中國政府一方面表示內政外交任由朝鮮自主決定，在朝鮮發生的事件中國並不擔當直接的責任；但另一方面卻表示朝鮮仍是中國的屬國，決不能承認朝鮮是一個獨立的國家。」其後，朝鮮爭議升溫，中日雙方如何從各自派兵進駐到兵戎相見，陸奧宗光都以類似的視點詰難中國，自詡日本奉行的是「萬國公法」，採納西方先進國家處理國際問題的準則，重點是國與國之間的關係特別是權力關係弄得清清楚楚，有根有據，然後再按彼此實力判定勢力與利益範圍。他認為，中國倚恃的繁文縟節朝貢舊例不過是託詞或是拖延時間的藉口，有關體制面對西方列強時已無法維持，卻堅持在處理朝鮮問題上繼續使用，陸奧宗光認為中國是自欺欺人，變相否定日本是跟西方一樣的現代國家。

這樣的視點當然帶有日本明治精英的偏見，也有現實利益考慮。一旦日本接受或默認朝鮮問題按藩屬體制處理，等同承認中國對日本與朝鮮任何交往及協議有否決權，日本政府當然不會同意，以免縛手縛腳。

偏見與利益因素以外，陸奧宗光在書中流露更多的是對西方列強設立的外交遊戲規則全面擁抱，任何決定，任何倡議都以萬國公法為最終、最權威依據，並且以日本能在戰爭與和平中都按萬國公法辦事而驕傲；對中國政府不懂、不用萬國公法則嗤之以鼻，認為是落伍及衰朽的象徵。陸奥的日誌清楚反映明治政治精英對日本全力脫亞入歐、向西方靠攏的決心及優越感，並以此作為干預鄰國的依據。

陸奥宗光在書中多次提到日本如何以國際公法原則駁倒或否定中國政府落後、不依規矩辦事的態度，其中最經典的例子是中日甲午戰爭後那場早夭的「廣島談判」。甲午戰爭開打不久中國便敗象畢呈，陸、海軍都受重挫，開始探索議和的可能性，在探底後決定派出侍郎張蔭垣、湖南巡撫邵友濂為全權大臣，希望與日方進行正式談判，停止戰爭。

日本政府在談判前的御前會議已商定此時非和談之機，又嫌張、邵二人官爵低微，不具全權決定的資格；一開局便來個下馬威，表明拒絕與二人展開和談。《蹇蹇錄》記錄了日本政府全權代表、總理伊藤博文如何訓斥二人，如何以國際法、國際外交慣例批評中國沒誠意和談，有幾句話是這樣的：

「中國歷來與列國完全背道而馳，有時雖也因加入列國機構而享受其利益，而對其交往中自應遵守的職責，卻往往視若無睹……中國朝廷的欽差大臣對於外交盟約公開表示同意以後，會突然反悔無責……」

「在講和這件事上，我帝國雖然沒有主動向中國提出的理由，但我帝國重視自己所代表的文明精神，但為了中國納入正軌開啟文明的未來，我們有響應你們求和的義務。雖說如此，對於那些無效的談判或參加僅止於一紙空文的講和談判，將來仍將堅決拒絕。」

伊藤博文說的話雖有些自吹自擂，但不能算全沒道理，從protocol、外交規格上清朝也未免太輕率及一廂情願，對和談顯得不夠重視。日本的全權議和大臣是總理和外交大臣，中國的張、邵二人不過是二品左右的侍郎，頂多是副部長，不管名與實都不具備全權的資格。伊藤博文及陸奧宗光自然借機質疑中國不懂國際規範及文明，斥責中國缺乏誠意。書中展示的除了日本作為戰勝方的優越感，陸奧宗光對己方能靈活運用萬國公法作為外交工具的自豪感也躍然紙上，並以此作為界分文明與不文明、進步國與落後國的重要依據。陸奧宗光我手寫我心所呈現的正是那種脫亞入歐傾向，認定日本已躋身西方列強的行列，並可反過來像西方列強一樣，對未入文明之境的鄰邦予取予攜，擺布安排。

《蹇蹇錄》另一段有意思的紀錄就是日本如何應對俄、法、德三國聯手干涉逼日本交還遼東半島的經歷。甲午之戰中國敗北，李鴻章東渡日本馬關（下關）簽城下之盟，日本政府以戰勝者的姿態要求割地賠款，其中一個重點是把日軍已佔領的遼東半島永久割讓予日本，讓她像手握兩把鉗（朝鮮半島與遼東半島）那樣，緊握中國政治中樞的咽喉，隨時威脅首都北京。

可就在《馬關條約》簽定、條約內容公布於世沒過幾天，俄、法、德三國突然聯手反對和議中割讓遼東半島的條文，認為對東北亞大局不利，也損害了三國的商業及政治利益。列強可能出手干涉對日本而言不算完全在意料之外，按陸奧宗光的記錄，早在跟中國開戰以前，日本政府已預計歐洲列強有可能會干預，而中國其實一直跟俄羅斯「眉來眼去」，希望藉俄國之力壓制日本在朝鮮及東北大展拳腳。

在開戰以後，日本駐外公使也不斷出入俄、英、法、美、意、德外交部探底，希望了解她們會不會有什麼實質行動，包括調停與干涉。當中俄國官員對局勢最關注，但仍處於觀望態度，沒有為實質干涉做準備，只一味希望兩國議定休戰，早日恢復和平。日方的估算是，西方列強普遍覺得中國在這場戰爭稍有優勢，但不會出現決定勝的結果，地區均勢包括中日在朝鮮半島的勢力平衡不會有大變，各國自然樂得來個壁上觀，不傾向出手干預。

但當日本在海陸兩條戰線大勝，日軍佔領朝鮮全境又登陸山東及遼東半島，隨時可進軍北京的消息傳出後，列強特別是俄國如夢初醒，發現東北亞地區正出現重大變局，一方面是日本取代中國成為區內最重要力量，另一方面是中國已從夥伴變成俎上肉，可予取予攜。俄國便迅速因應時局積極部署準備干涉，希望分一杯羹之餘更想暫時煞住日本向亞洲大陸進軍的態勢。

不過，最讓日本措手不及的是向來與日本友好、對中國危局興趣不大的德國忽然出手支持俄國干涉東北亞，而由於德國與法國已成死敵，法國不願在支持俄國這盟友上落後於人。結果，《馬關條約》簽署不到十天，三國便同時向日本發出照會，要求日本放棄遼東半島，否則將起衝突。

戰勝中國不算難，但日方已是精銳盡出，全力一搏，本國防務空虛以外，出征的海、陸軍也已有疲態，能不能抵住俄法聯合艦隊的攻擊是個大疑問；部分日本政府內閣成員更擔心日本本土可能成為法俄攻擊目標，被戰火波及。一時間日本從戰勝的狂喜跌入可能被列強攻擊的危機，前途未卜，當中的起伏跌宕，政治氣氛如何驟變，陸奥宗光在書中說得不太多，大概有些難言之痛。僅有的段落是諷刺那些「反對政府」人士的前恭後倨，在甲午之戰後不斷對政府歌功頌德，誇獎政府英明神武，策略成功。到三國干涉要退還遼東半島，面對另一場戰爭危機，他們又轉過來攻擊政府，認為是因為官員處事不周令戰爭的勝利變成外交的失敗，令主其事的總理伊藤博文及陸奥宗光成為箭耙。

陸奥宗光對此忿忿不平，甲午戰後他立即動筆寫《蹇蹇錄》除了要留個歷史紀錄外，也是要為政府及自己辯白，認為處理甲午戰爭與和談時政府「在遭遇非常之時做出了非常的決斷，對內外形勢進行了仔細的斟酌考量，權衡了將來的各種利弊關係……終於在千鈞一髮之際度過了艱難時刻，保障了國泰民安。」

甲午戰爭爆發時，日本開國還不到三十年，對明治政府而言是第一場重大國際危機，也是日本登上複雜多變國際舞台的第一台大戲。《蹇蹇錄》記下了日本政治精英如何在這場重大博弈中致力學習西方的「舉止打扮」，努力以西方世界在東方的代表自居，當中的幼嫩與政治自覺可說都呈現得一清二楚。

陸奥宗光書中還隱約透露了另一個感觸，那就是日本雖費盡心思按西方外交遊戲規則辦事，希望打入大國俱樂部，跟西方國家同桌而坐再在亞洲大陸分一杯羹。然而，按所謂「萬國公法」辦事並沒有令日本真正脫亞入歐，甲午之戰勝利沒令日本被承認是大國俱樂部的成員。當面對三國干涉特別是俄國強力挑戰時，日本找不到任何西方國家聲援，也沒有國家為她解圍（只有二流強國意大利表示過一點意願），英、美選擇袖手旁觀。在面對俄法艦隊又沒有強援下，日本不得不選擇盡快息事寧人，把已到口的遼東半島交還中國（後來俄羅斯順利租借遼東半島的旅順港作基地）。對日本明治政治精英而言，這可是realpolitik慘痛的一課，形同為人家作嫁衣裳（你出兵人家佔地），令他們更明白實力及盟友的重要性，更體會到取得大國俱樂部成員資格的好處。想了解作為新興強國的日本如何踏足國際舞台，在舞台初登場有何體驗，有何教訓，《蹇蹇錄》是很好的指南。

從漫畫看明治人——《「少爺」的時代》

「走過」沉重的靖國神社，感受過充滿硝煙味的明治故事，也許該換換心情，輕輕鬆鬆穿越時空看看明治人（和小貓）的故事，了解他們在巨變中如何自處及調適，如何找尋在時代的位置。

想輕鬆看歷史，漫畫是很好的入門。日本漫畫名聞天下，作者眾多，內容百花齊放，超現實科幻、職場勾心鬥角、愛情小品、紅酒品味、運動、恐怖、艷情、推理、歷史都有，不少作品超越商業計算，充滿對人生、是非的拷問，可說獨步全球。今次借用《「少爺」的時代》這套漫畫說說兩個明治人對新時代、對西化富國強兵主流思想的忐忑、猶豫、苦悶，以至反抗。

《「少爺」的時代》作者是關川夏央和谷口治郎，對讀者來說兩個名字都可能比較陌生，其實兩人在日本漫畫界甚有份量。關川夏央是紀實作家，創作過不少以歷史為題材的文學作品，如《光明的昭和時代》，他在二〇一〇年獲頒司馬遼太郎獎。谷口治郎是漫畫家，得過多個漫畫獎項。兩人自一九八五年開始合作創作《「少爺」的時代》，歷時十二年，到一九九七年完成全五卷，過程中花了大量時間篩選、核實明治歷史資料，研究人物言行以至臉容體態，認真非常。漫畫出版後榮獲日本手塚治虫文化賞。

漫畫的時代設定是明治晚年日俄戰爭前後，五冊中每一冊都以一位作家為主角，再貫串不同人物。第一冊以國民作家夏目漱石為主軸，第二冊主角是軍醫總監、文學家森鷗外（森林太郎），第三冊以詩人石川啄木為骨幹，第四冊則是由把《共產黨宣言》帶到亞洲的幸德秋水（幸德傳次郎）貫串不同角色；第五冊結局篇又回到夏目漱石，用他在伊豆修善寺溫泉的疾病隱喻，點出明治人在新時代的違和不適以至生死徘徊。可以說，《「少爺」的時代》是對明治「洋才和魂」歷史潮流的詰問、低迴及質疑。這裏不打算逐一介紹漫畫中多如流星雨般的人物，只想集中在兩個命運

《「少爺」的時代》（網絡圖片）

迥異的要角：夏目漱石、幸德秋水。

夏目漱石在日本無人不識，在中國大陸、台灣、香港也有不少讀者，筆下的《我是貓》、《少爺》、《三四郎》……伴着日本一代一代學生成長。他是普通家庭的八男[2]，一度被父母送給他人作養子，因幾位兄長早夭才回到夏目家（父親以二百四十日圓贖回來），告別寄人籬下的生活。若果他留在養父家，他可能在村町過着平淡生活，沒機會到倫敦留學，更不會成為現代日本的文豪。

夏目漱石憑着英語能力坐上明治西化快車，得到一個又一個機會，先躋進帝國大學（日後的東京大學）外語系，後來又被選派到英國公費留學，旅居倫敦兩年半，成為日本文壇少有的外語、外國文學專家。回國後他出任第一高等學校講師，

2 第八個兒子

又在帝國大學擔任文科講師，兩個職位合起來年薪高達一千五百日圓。

現時看一千五百日圓（月薪一百二十五日圓）好像少得可憐，可在日俄戰爭前後當地木工師傅一天工資是一日圓，而在東京都內千駄木租一所有六個房間、女傭房及五間（近九十公尺左右）長廊的屋子不過月租二十七日圓；夏目漱石知交、俳句名家正岡子規生前曾以拿到月薪五十日圓為心願。於此可見漱石是明治年間的高薪族，生活優裕。

只是，寵兒有寵兒的煩惱。夏目漱石對明治時代巨變，對歐洲文化大舉滲透日本生活有各種不安、抗拒，而西化帶來的種種好處從來沒能沖淡他心靈暗藏的抵制，令他在人生歷程中一再從青雲路上走回頭。

漫畫以一八九五年夏目漱石從東京帝國大學英文系研究所畢業開首，是時多家大學、高校紛紛以高薪厚職找上門來，但漱石執意到遠離東京的四國松山（愛媛縣）當個中學英文老師，領微薄的薪水，想以此跟日本鄉村生活及傳統文化重新扣連。可明治西化浪潮沒有忘記自我流放到四國（後來又到了九州熊本）的漱石，一九〇〇年，他被文部省選為官費留學生到英國留學。

旁人看來這是千載難逢的機會，可在夏目漱石眼中卻是苦差一件。歸國後他寫道：「此行我身寄官方之命，並非出於自我意志決定，倘若能自行決定，本人一生絕不會踏足英國大地一步；在英國的兩年生活極不愉快。」

漱石兩年在英國的生活有多不愉快，《「少爺」的時代》沒有提供多少細節，但從其他材料可看到，除了留學期間省吃儉用，閉門研究以至生活單調外，他對歐式生活極不習慣，當地的石建樓房固令他感到周遭冷冰冰，偌大的窗戶還讓漱石有被監視、偷看的感覺。刻板清苦的生活、日常起居的不適，再加上深藏的自卑感一起發酵，夏目漱石自覺兩年倫敦生活如在地獄，最後導致嚴重神經衰弱，不斷投訴寄宿家庭的女主人說他壞話及監視他，又常躲在房中流淚。

明治政府對漱石「瘋了」的情況也有所聞，到一九〇二年十二月終於決定讓他回國。回國後精神科醫師診斷他患上「妄想性憂鬱症」，沒事時教學、生活如常，精神狀態欠佳時則會產生各種幻覺，嚴重時會亂丟東西，拿小孩出氣，掌摑他們又或把飯桌掀翻，弄致家無寧日。

在漱石心底，西洋文明薄情寡義，獨善其身，日本努力仿效頂多只是「紙糊的老虎」。現實中漱石卻不得不以所學的西洋文化、文學糊口，每天得到東京帝國大學、明治大學教授英國文學，就像靠不斷自虐維持生計，比在地獄輪迴好不了多少，其妄想性憂鬱症也就揮之不去。

《「少爺」的時代》有一段小插曲頗堪玩味。話說漱石從倫敦歸國，隨即被東京帝國大學聘為講師。此前擔任此職的是小泉八雲，他原名拉夫帝奧·赫恩（Patrick Lafcadio Hearn），父親是愛爾蘭人，母親是希臘人，輾轉從愛爾蘭到美國生活，曾在新奧爾良當過記者。一八九〇年到東京後愛上日本文化，決定留下來並娶了日本太太；一八九六年歸化日本籍，開始在東京帝國大學文學院當講師，深受學生歡迎。

其後，禮聘他的院長辭世，新文學院長對小泉八雲諸多挑剔，大幅削減他的薪水（從月薪四百日圓降至二百日圓）。新院長的理由是「我們恨不得趕快掙脫請外籍教師的重擔……」。小泉八雲不住解釋自己已是日本人又深愛日本文化，仍改變不了被迫辭職的命運。學生對此大為不滿，發起運動挽留小泉八雲，還因此杯葛夏目漱石這位新講師的課，令漱石無端捲進大學人事糾紛，苦惱得一再在酒館發酒瘋，大肆破壞（有一回得賠四百日圓），明治西化浪潮對夏目漱石而言，真的充滿「福兮禍所倚」的味道。

夏目漱石與小黑貓

假如夏目漱石一直被「妄想性憂鬱症」所困，在瘋與不瘋之間回不了頭，他只會是明治年間一個性格乖僻的英文教師；幸好，沒多久夏目漱石找到兩服特效藥：一隻沒有名字的黑貓和小說創作。

《「少爺」的時代》說到，沒名字的黑貓在明治三十七年（一九〇四年）六月闖入夏目漱石於千馱木的家。起先他對小貓頗抗拒，不讓牠上長廊或進屋，要牠待在外邊；小黑貓不識趣叫喊的話，漱石會把牠趕到茅坑或鄰居的家；可有時候他會無可無不可的讓小貓伴着，或像小孩般暗中觀察貓兒的動靜。沒過多久，替漱石按摩的師傅說，貓兒連腳底也黑漆漆，是古時候的祥瑞，會為家庭帶來好運。因着按摩師的話，小黑貓不再是隨時被驅趕的「自來貓」，可以登堂入室真正成為夏目家一分子：「清早躺在飯桶上，中午站到外廊，晚上溜進孩子的被窩睡覺。」

四蹄烏亮的小黑貓果然帶來好運，牠讓漱石情緒較易穩定下來，還成為他的靈感泉源。夏目漱石第一部小說《我是貓》正是以小貓的角度觀照世界，書劈頭第一句就說：「我是貓，沒有名字。」

由於視點清新文風簡約，《我是貓》得到廣泛好評，為苦惱鬱悶的漱石打開一扇透進鮮風的窗戶，令他走出被跟蹤、被監視的「囚籠」，擺脫「文化革命」的困擾。有日本文學評論人說，沒有小黑貓，大概就不會有國民作家夏目漱石，有的只會是瘋子漱石。

小黑貓帶來了突破與好運，漱石對貓兒卻始終若即若離，從沒為牠取名字，偶爾叫牠「貓咪、貓咪」，其他時候就只是讓牠在身邊繞來繞去（偶爾在漱石趴着看報時窩在他背撒嬌）。後來小貓過世，漱石家再有第二代、第三代「貓咪」，同樣沒有名字。

從《我是貓》開始，夏目漱石文思泉湧，在報刊雜誌寫連載小說，包括以當年在四國高松為背景的《少爺》以及《三四郎》……等，最後的作品《明暗》在他四十九歲過世時仍在連載中，未能完成。

文學創作為在日本、西方文化夾縫中掙扎的夏目漱石找到一條出路，安頓自己的心緒，但不習慣、不適應並沒有完全過去，偶爾還會困擾着他。《「少爺」的時代》漫畫記載了一段漱石瀕死的經歷，反映的就是深藏心底的恐懼以至對明治維新巨變的憂慮與不滿。

這場「瀕死的隱喻」發生在伊豆修善寺溫泉，當時是明治四十三年五月，長期受胃酸過多困擾的漱石因病發被送進醫院，稍微好轉後他轉到離東京不遠的伊豆修善寺溫泉菊屋旅館靜養。到達旅館後，漱石放輕鬆心情，把醫生要小心飲食的囑咐忘個一乾二淨，一口氣吃了兩個生雞蛋配三大碗飯，飽得要捧着肚子躺下。這一頓大餐換來的是胃病復發，酸水大量上湧，漱石瀕死彌留的幽冥混沌旅程也由此而起……。

漱石先是嘔出大量膽汁和胃酸，接着嘔出像藥湯般深藍色的液體，然後液體從藍色變為青綠色，誰也不知那些東西除了膽汁、胃酸外還有什麼；最嚴重的時候他像噴血那樣把睡着的榻榻米染成一片血紅。從嘔出膽汁與酸水開始，漱石就陷於半昏迷狀態，發着各種奇怪的夢，夢中遇上各式各樣的人，有多年好友正岡子規，有被他無意中迫走的小泉八雲，有擦身而過未及深交的森鷗外，有倫敦的老師威廉．詹姆斯．克萊格（William James Craig），有因「大逆案」（涉嫌串謀刺殺明治天皇，或稱「大逆事件」）被判死刑的大石誠之助、幸德秋水；有一心把各種「主義分子」（社會主義、無政府主義者）趕盡殺絕的明治維新元老山縣有朋，還有漱石可望而不可即的少年情人大塚楠緒子；當然還有小黑貓。或許，漱石想大口吐出來的不僅是胃酸、膽汁、苦水，還有五味紛陳、「要命」的記憶。

幸德秋水（網絡圖片）

夏目漱石（網絡圖片）

在鬼門關轉回來，夏目漱石好不容易回到東京生活與寫作，可瀕死的經歷加上大逆案判刑前後的騷動，讓漱石的人生態度有微妙改變。自此他執意跟日本建制及明治新政保持距離，保持一介布衣之身，不靠官府、大學資助應對生活的磨練與挫折。明治四十四年一月（大逆案被告處決前後），明治政府文部省來了天皇敕令，任命夏目漱石為文學博士，以肯定他的成就。身在病榻的漱石大聲叱喝送件的人把博士證書退回去，說自己既不靠官府資助，也沒依賴過大學，更不用什麼博士頭銜；強調夏目金之助以一介平民之身甘心承受所有苦痛。證書最後退回去了，但官方敕封他為博士的事沒法改變，只是漱石從不以博士自居就是了。

大正五年，即一九一六年十二月九日，夏目漱石這位乘明治快車冒起卻又深受西化困擾的作家因胃潰瘍逝世，終年四十九歲。

明治的異數：幸德秋水

接着要談的明治人是幸德秋水。他的名字在日本不算響噹噹，在其他地方則更是陌生，跟夏目漱石沒法比，可關川夏央、谷口治郎在《「少爺」的時代》中一再提到這人物，其中第四冊還以他作主軸貫串不同人物的經歷。

幸德秋水出身土佐藩（高知縣），明治四年（一八七一年）出生，念中學時已有志參與維新大業，經常參加政治活動；十六歲輟學離開家鄉到東京找機會，但他的初體驗相當惡劣。是時明治政權由薩摩、長州兩藩把持，其他藩國出身的人被有意無意排斥。幸德秋水初到東京正值維新改革不前、社會見不到實質成果的時候，大量失去權力、地位、財產的武士聚集在此，既找機會也想宣洩不滿，浪人刺殺政要的事件因而不斷發生。

明治政府以整頓首都秩序為名，採取多項針對其他藩士的政策，包括加強出版審查，限制其他地方人士進出東京；政府還因為土佐藩出身武士提出不中聽的政治改革建議而頒布戒嚴令，把在東京的土佐人驅離皇城三里之外。提出改革建議的中江兆民固然要走，剛到東京四個月的幸德秋水以至小販也不能倖免，得徒步離開東京市區。

東京不能留，幸德秋水轉到商業城市大阪找機會，投身民權派領頭羊中江兆民門下。在某次演講，中江兆民對幸德秋水及過百個聽眾提到對未來的期盼：「以自由為軍隊，以平等為城堡，以友愛為大炮面對歐美俄清列強。」幸德秋水受他啟滌，往後就以非戰、民權作為個人政治綱領。然而，這兩個原則正正跟明治維新的大政方針相違背，也是最大的威脅，後來他成為以山縣有朋為主的維新元老眼中釘，可以在這裏找到蛛絲馬跡。

幸德秋水很快就放棄議會之路，改為從言論、思想入手改造社會，先是加入言論開放的《萬朝報》，又與同道組成以社會主義為號召的社會民主黨，推動限制皇權擴張民權的思想。明治政府對公開打着社會主義旗號的新政黨非常敵視，成立當天就把它查禁。

幸德秋水在《萬朝報》的日子不算好過。日本民眾對與俄國決戰異常亢奮，認為既可以成為日本走向強大的踏腳石，又可像日清戰爭那樣得到大筆賠款。幸德秋水等主張反戰的報社職員想盡力避免《萬朝報》走上主戰之路，奈何輿論一面倒，《萬朝報》創辦人沒多久就召開社員大會，宣布不能繼續反戰，否則報社將無法經營。幸德秋水和少數堅持反戰的記者於是集體退社，自行出版《平民新聞》周刊，以自由平等博愛為要義，希望發出另類聲音。

到日俄戰爭爆發，《平民新聞》繼續反戰立場，幸德秋水還辦演講會，大談日俄兩國政府是因為帝國主義野心才點起戰火，弄得民不聊生。他主張日本平民與俄國民眾是同志手足，愛國主義、軍國主義才是共同敵人。其後幸德秋水花了兩個月時間把馬克思、恩格斯的《共產黨宣言》翻譯成日文，這譯本不但把共產主義概念帶進日本，後來還被翻成中文、韓文，對亞洲各國政治發展影響甚大。

在明治政府眼中，宣傳反戰及社會主義思想形同洪水猛獸；幸德秋水的《平民新聞》很快就被政府盯牢及多次被起訴，先是罰錢後來還把負責人判監。到幸德秋水在《平民新聞》刊出《共產黨宣言》，政府立刻把那一期查禁，又搜查報社並威嚇協助售賣的商店，令銷量大減。到一九〇五年（明治三十八年），《平民新聞》發行六十四期後被迫停刊，幸德秋水自此失去以言論推動反戰、民權的陣地。

心灰意冷下幸德秋水離日赴美，暫時離開現實困境。不知是幸運還是不幸，到達美國西岸不到半年，秋水碰上百年不遇的一九〇六年舊金山大地震，大量樓房倒塌，城市肌理崩壞。在震災中他卻見識到美國民眾如何在沒有政府指導下守望相助，共渡難關。這讓他的心思一下子從社會主義轉向無政府主義，認為沒有政府指派強制，民間反而更能發揮互動共享精神，連私產也不必留着。

旅居美國大半年後，秋水回到日本，向戰友推介無政府主義，又建議不再走議會路線或向政府陳情，而是以直接行動施壓，包括罷工、抗爭及行刺官員。他的轉向碰上另一個歷史偶然，令他在明治政府眼中成為極危險人物。幸德秋水在三藩市旅居時認識一位叫竹內鐵五郎的年輕人，跟他說了一點無政府主義及共產主義的事。誰知道竹內鐵五郎在一年後的天長節（天皇生日）向明治天皇寫了一封題為〈致日本皇帝睦仁君〉的公開信，並貼在日本駐舊金山領事館的大門上。公開信有一段相當刺激性的說話：「可憐的睦仁皇帝，陛下早已命在旦夕，腳邊布滿各種即時引爆的炸彈……」

《「少爺」的時代》沒有交代竹內鐵五郎為何寫了這封公開信，但事件引起明治政府極大震盪。直呼明治天皇名字（睦仁）已是大不敬，語帶威嚇的說天皇腳邊布滿即將引爆的炸彈更形同圖謀行刺，不能輕易放過。維新元老如山縣有朋等在公開信送回日本後召集聲氣相近的政府官員或政治人物商討如何處理。有個別官員認為無政府主義、社會主義這些的新興思潮在歐美也存在，他們在政治上可以發揮為貧苦大眾、工人發聲的作用，不必完全取締，但其他人如首相桂太郎擔心，讓各種西方主義蔓延會影響社會秩序，令國論散亂，損害維新大局。主持會議的山縣有朋更直斥容許這等狂徒橫行將令維新大業和革命先烈的遺志化為烏有，必須徹底以力服之，別無他法。

非正式碰頭會議當然不像內閣會議中有正式決定，但元老向來有超然於政府的權力，還有直接向天皇奏議之權。山縣等人作出這樣的取態，其他人阻不了也不敢阻。沒過幾天，明治四十二年二月，山縣有朋齋戒沐浴後進入皇宮向天皇參奏，要求強硬對付主義分子，明治政府自此朝鐵拳路線頭也不回的向前衝。他們等的只是一個機會、一個藉口。

另一邊廂，幸德秋水從美國回來曾一度積極投身支持工人罷工的行動，也透過平民社、復刊的《平民新聞》推廣無政府主義思想，介紹外國包括俄國無政府主義者的想法。不過，他並沒有什麼綱領或行動計劃實踐想法，總是隨着時局、同志的行動進進退退，有時在第一線，有時回到家鄉或東京以外的地方隱居寫作，跟現實行動脫鈎。唯一不變的是政府密探對他的監視，不管他走到哪裏，見過什麼人，很快就被密探作報告送到警視廳高層手上，再轉到政府中樞。當明治政府決定動手掃除主義分子時，幸德秋水旅途中拜訪的朋友、遇到的故人就成了「共犯」，被政府視為嚴打對象。

到明治四十二年秋，一連串關係不明的事件包括有人試製炸彈，有人構思或想像行刺天皇計劃，有人討論行刺計劃等通通被明治政府高層連在一起，成了後來稱為大逆事件的政治陰謀，並由警方及檢察機關全面偵辦。起初被捕的是製造爆炸品但失敗的工人，接着有聽過、討論過計劃的人都被捕。檢察官在明治四十三年（一九一〇年）六月一日對被視為主犯的幸德秋水發出拘捕令，而從三月開始就在箱根湯河原溫泉靜養及寫通俗歷史書《通俗日本戰國史》為生的幸德秋水，就在從湯河原回東京的人力車上被捕，變成階下囚。

明治政府高層老早就決定以刑法第七十三條「意圖謀害天皇及皇族」的罪名起訴幸德秋水等被捕人士。因為按照相關條文，被告只要有加害意圖就能入罪，是否成功執行計劃無關重要；而且，案件可以由大審院（最高法院）一審定罪及判死刑，不用經過冗長的訴訟與上訴過程。

押回東京後，幸德秋水成為大逆事件的主犯，跟其他二十多個被告一起面對審訊，接着被定罪及判處死刑。其後大審院把當中十二人改判無期徒刑，幸德秋水等十二名主犯則維持死刑裁決，並在六天後執行。明治四十四年一月二十四日，幸德秋水等被處死，但因完成十一個犯的人死刑後天色已晚，唯一女死囚管野須賀子到次天，即一月二十五日才執行死刑。快審快處決大概是為了避免歐美輿論關注及反彈，但幸德秋水等的命運其實早在山縣有朋進宮覲見天皇時已無法挽回。

以罪論罪，以實際影響力看，只有一支禿筆、幾個同志的幸德秋水被扣上頭號大逆、「國家敵人」帽子有點冤，只是，幸德秋水大力宣揚社會主義、無政府主義，在明治政府高層，特別是維新元老眼中形同要在日本列島建立另一套政經秩序，包括把權力來源改由下而上、化私產為共產、打破權威尊卑之分強調平等自由、不接受天皇「神君」位置、反對戰爭及對外殖民、認同國際主義否定民族主義……等。對主張富國強兵、萬世一系王朝的明治精英及由此得益的人而言，幸德秋水等是對他們的正面挑戰以至否定，只有把他及同志們「壓碎」，明治維新設定的目標與秩序才能維持。

所謂陰謀行刺明治天皇的大逆案件發生在明治四十三年，即一九一〇年；湊巧那是哈雷彗星重回地球的一年。對幸德秋水而言，彗星的回歸彷似順道把他也帶走了。

小結　從平成到令和

小結　從平成到令和

成書之時剛好碰上日本天皇換位，在位三十年的明仁天皇以健康日走下坡為由打破慣例提早遜位，德仁繼位，平成自此變成歷史，日本列島進入令和時代。

上一回日本天皇換代是一九八九年的事。這一年世界歷史進程出現巨變，自二十世紀初捲起世界革命的共產主義在全球退潮，中國發生天安門民主運動及六四鎮壓，蘇聯東歐集團開始一一瓦解，柏林圍牆倒下。學者福山曾把這場巨變形容為「歷史的終結」，意指不同歷史潮流的角力已成過去，全球朝着自由市場與民主政體邁進，現在回看是過了頭的話。還是歷史學者Eric Hobsbawm允執厥中，把這一年說成是二十世紀的終結，認為「蘇東波」改變了二十世紀歷史流向，世局出現新變化、新潮流，跟二十世紀不一樣。

對日本而言，一九八九這一年同樣意義非凡。在位超過六十年，見證大日本帝國盛極而衰再從戰爭廢墟變成全球第二大經濟體的裕仁天皇駕崩，由明仁天皇繼位，年號從昭和變成平成。

那個年頭日本處於泡沫經濟最後階段，股價、地價天天向上，日本旅客在全世界留下足印，日本企業資金彷彿多得花不完，四處爆買資產，Sony併吞哥倫比亞影業，三菱購入紐約地標的Rockefeller Center。最驚人的是，東京市中心皇居幾平方公里土地的價格比加州所有土地的地價加起來還要高。那可真是無限風光的盛世，難怪一本本有關「日本第一」、日本成功之道的書陸續面世。

可在昭和換上平成以後沒多久，日本奇蹟與盛世開始出現這樣那樣的裂痕，先是股市、地產泡沫爆破，接着出現地方、中小銀行倒閉潮，金融危機與債務危機交替上演。日本政府動用已知的所有常規刺激經濟措施如大規模赤字預算，大搞基建計劃，把利率降至零，金融財政改革等都不管用，頂多讓經濟回回氣，停滯、通縮、萎縮依然是主旋律。學界、媒體開始以「失去的十年」(The lost decade)形容日本，接着是「失去的二十年」，到現在已是「失去的四分一世紀」。

令和時代的日本會向什麼方向走，能否扭轉過去平成時代的停滯再創高峰，又或像不少學者以至觀察員預期那樣繼續拾級而下，只能忙於應對債台高築、人口老化及萎縮、競爭力不前等結構性問題。寫下《槍炮、病菌與鋼鐵》(*Guns, Germs, and Steel*)的Jared Diamond在二〇一九年新作*Upheaval: Turning Points for Nations in Crisis*則大力為日本打氣，認為百多年來她能在更惡劣的處境下兩番創造經濟奇蹟，扭轉危機（黑船來航、二戰完敗），把國家推上新台階。對Jared Diamond而言，日本民族的韌性與努力正是復興的最大本錢。此外，日本的科研投資向來領先全球，原來的經濟基礎包括製造業仍甚為優秀；再加上人口壓力大減，日本不必再在全球各地爭奪自然資源，她反而能在可持續發展模式上着力，爭取成為其他國家的楷模。

日本國內也有不少確信國家可以再次大放異彩的力量，代表人物包括首相安倍晉三、作家白田尚樹……等。二〇一二年上任的安倍已成日本在任時間最長的首相，上任後提出「三枝箭」策略希望扭轉經濟頹勢。到目前為止成效不大，日本央行的無限放水政策也未能顯著扭轉通縮困局。

另一方面，安倍積極提升日本在國際社會的可見度，頻繁出訪全球各國，又致力爭取舉辦全球盛事、大型體育活動，二〇二〇年東京將會繼一九六四年後再次主辦奧運。當年奧運，日本政府借機會大搞基建，包括建設東京都的高速公路網絡，新的體育館，還有連接東京大阪的東海道新幹線；向全世界展示日本已從廢墟站起來，從戰敗國變成地球村要角，有能力成功舉辦全球最大型運動會。事隔五十六年東京再辦奧運，日本當然不須再證明自己的富裕，而是想向各國說明日本活力仍在，實力仍在，並且面向世界。奧運以外，第二大城市大阪將於二〇二五年再舉辦世界博覽會，令未來幾年日本將一直成為全球焦點。

此時此刻難以預估奧運、世博能否成為日本敗部復活的妙策，也不知道東京、大阪兩大都會區是否成為推動日本前進的兩大引擎。又或許日本真正的復甦動力不在這些政府辦的大項目，而是在日本不同地方結結實實搞創作、製作或實驗的人與企業，當中可能包括位於三鷹的吉卜力工作室，在佐賀武雄市的圖書館，在東京代官山的蔦屋書店……它們同樣可能是日本再出發的歷史現場，也許該及早走訪一下。

二〇一九年　春

參考書目

參考書目

井上勝生，《幕末與維新》，周保雄譯，「岩波新書」·日本近現代史（1），香港中和出版有限公司，2015
原田敬一，《日清、日俄戰爭》，徐靜波譯，「岩波新書」·日本近現代史（3），香港中和出版有限公司，2016
加藤陽子，《從滿州事變到日中戰爭》，徐曉純譯，「岩波新書」·日本近現代史（5），香港中和出版有限公司，2016
雨宮昭一，《佔領與改革》，包霞琴、李彥銘譯，「岩波新書」·日本近現代史（7），香港中和出版有限公司，2016
岩波新書編輯部，《應該如何認識日本近現代史》，徐靜波譯，「岩波新書」·日本近現代史（10），香港中和出版有限公司，2017
田中彰，《明治維新》，何源湖譯，玉山社出版，2012
高橋哲哉，《靖國問題》，黃東蘭譯，遠足文化，2017
岡田英弘，《日本史之誕生》，陳心慧譯，八旗文化，2016
井口和起，《日俄戰爭的時代》，何源湖譯，玉山社，2012
北岡伸一，《日本政治史》，周俊宇、張智程、陳柏傑譯，麥田出版，2018
岡本隆司，《中國為何反日？：中日對立五百年的深層結構》，陳心慧譯，八旗文化，2017

關川夏央、谷口治郎，《「少爺」的時代》（全五卷），劉蕙菁譯，衛城出版，2018
梅棹忠夫，《近代日本文明的發展與生態史觀》，陳永峰譯，遠足文化，2019
陸奧宗光，《蹇蹇錄：甲午戰爭外交秘錄》，徐靜波譯，香港中和出版有限公司，2014
谷崎潤一郎，《陰翳禮讚》，劉子倩譯，大牌出版，2018
新井一二三，《再見平成時代》，大田出版，2018
大江健三郎，《定義集》，吳季倫譯，馬可孛羅出版，2018
羽田正，《東印度公司與亞洲的海洋：跨國公司如何創造二百年歐亞整體史》，林詠純譯，八旗文化，2018
高良倉吉，《琉球的時代：偉大歷史的圖像》，蘆荻譯，聯經出版公司，2018
福澤諭吉，《福澤諭吉自傳》，楊永良譯，麥田，2011
伊藤之雄，《伊藤博文：創造近代日本之人》，李啟彰、鍾瑞芳譯，廣場出版，2017
徐靜波，《日本人的做法》，香港中和出版有限公司，2019
Robert Erwin Johnson, *Far China Station: The US Navy in Asian Waters 1800-1898*, Naval Institute Press, 2013

地緣日本

增訂版

作者　盧峯
編輯　香睿剛
設計及插圖　Pollux Kwok
出版經理　周麗琴、關詠賢
圖片　盧峯、ImagineChina、iStock、網上圖片

出版　信報出版社有限公司　HKEJ Publishing Limited
香港九龍觀塘勵業街十一號聯僑廣場地下
電話　(852) 2856 7567　傳真　(852) 2579 1912
電郵　books@hkej.com

發行　春華發行代理有限公司　Spring Sino Limited
香港九龍觀塘海濱道一七一號申新証券大廈八樓
電話　(852) 2775 0388　傳真　(852) 2690 3898
電郵　admin@springsino.com.hk

台灣地區總經銷商
永盈出版行銷有限公司
台灣新北市新店區中正路四九九號四樓
電話　(886) 2 2218 0701　傳真　(886) 2 2218 0704

承印　美雅印刷製本有限公司
九龍觀塘榮業街六號海濱工業大廈四字樓A室

出版日期　二〇二〇年五月初版
二〇二一年一月增訂版
國際書號　978-988-74176-9-9
定價　港幣一一八元　新台幣五三〇
圖書分類　旅遊文學、日本研究